シュプリンガー数学クラブ 22

数学は役に立っているか?

『数学が経済を動かす』日本企業篇

儀我美一／小林俊行 編

丸 善 出 版

数学は役に立っているか？　目次

目次

数学者とトヨタ自動車会長との対話「考えて考え抜くこと」 **小林俊行**（数学者・東京大学教授） **張富士夫**（トヨタ自動車 会長） 1

金融の世界で数学が重要な理由 **安田雄典**（ＢＮＰパリバ証券会社 前日本代表） 15

生命保険経営は、数学に支えられている **宇野郁夫**（日本生命 会長） 33

経営における数学の貢献、そして感謝 **長谷川閑史**（武田薬品工業 代表取締役社長） 49

数学的思考と経営ビジョン **和田紀夫**（日本電信電話株式会社 取締役会長） 59

金融における数学の役割 リスクに関する応用数学 **渡部賢一**（野村ホールディングス株式会社 執行役社長兼ＣＥＯ） 71

数学は企業文化の原点 **堀場厚**（堀場製作所 代表取締役会長兼社長） 81

経営の革新に貢献する数学　蛭田史郎（旭化成 最高顧問）　97
数学への恩返し　下川フェローシップ　浜田達夫（日本情報産業 顧問）　117
鉄道システムの技術開発を支える数学　正田英介（鉄道総合技術研究所 会長）　129
数学は経営者にとって必須である　堀紘一（ドリームインキュベータ 代表取締役会長）　139
わが国石油・天然ガス開発産業における数学の役割　河野博文（石油天然ガス・金属鉱物資源機構 理事長）　149
企業における数学　数学は何を記述するか　岩根和郎（岩根研究所 代表取締役社長）　165
私と数学　与謝野馨　177
編集後記　188

数学者とトヨタ自動車会長との対話

「考えて考え抜くこと」

数学者とトヨタ自動車会長との対話
「考えて考え抜くこと」

小林俊行　数学者・東京大学教授
張富士夫　トヨタ自動車 会長

根底にあるもの

小林俊行　根底にあって滅多に意識することがないもの、大事だけれど当たり前すぎてその存在を忘れがちなもの、にはいろいろあると思います。たとえば企業活動における正直さというのも、その一つではないでしょうか。正直に行動している人たちにとっては、そのことは当たり前すぎて、普段は意識もしません。ところが、何かをごまかして取り引きしたり、きちんと調査をせずに知ったかぶりしたりする、これも正直でない行動の一つと思いますが、こうすると、しばらくは儲かるかもしれないけれど、きっと長続きはしないのではないでしょうか？

普段はあえて意識していないことに光を当ててみるのも面白いと思うのです。当たり前すぎて意識しない場合と、単に大事でないから意識しない場合の、両極端の場合があるでしょう。社会における「数学」には、それがうまく機能しているときほど、当たり前すぎてあまり意識しなくなることがあるように思います。数学は科学や技術の根底とは言っても、それを無視して、理の通ったものを捨てても、当面はうまくゆくかもしれない。しかし、それでは長続きしないこともあるかもしれません。

数学が実社会で役に立つとすれば、それはどういった形で役に立つのか？　これは、数学者の観点で考えてしまうと、贔屓目《ひいきめ》でバイアスがかかってしまいます。そこで、日本を代表する企業のリーダーの方にそれぞれご自身の観点でお話を伺いたいと思います。

張富士夫　先生のお話、たいへんわかりやすいですね。私は大学は法学部でしたから、数学というと教養学部で少しやっただけです。私の知っている数学といっても、ほとんど高校までの数学で、先生から見たら算数に近いような部分が多かったかもしれませんけれども、やはり、数学とは、あらゆる学問の中で一番、理にかなった学問だろうと、私は思っているんです。

「理」の対極に「情」がありますが、きちっと理詰めで整理してゆく、ということは非常に大切で、その意味で数学というのは一番大切な学問なんじゃないかと思いますね。

数学の勉強は好きだった

張富士夫　私は高校2年までは柔道やら剣道にとりつかれてたんですけれども、高校3年のとき（編集部註：都立駒場高校）とその後浪人した1年間は、数学の勉強に一生懸命取り組みました。家に金がなかったから、大学は国立しか行かせられないと父親に言われていて、いやでも8科目勉強しなければならなかったのです。数学は、数Ⅰと数Ⅱといったかな。数学は、全科目の中でも、一番きちっと理屈があっているところが気に入って、結構好きな科目でした。

私の父親は法学部の出身で、妙に法律家気質というか、何を言っても理詰めできちっと返してくる人でした。中学、高校ぐらいのときは、父と議論になると、いつも論理で言い負かされてました。思いつきで話をすると「理屈にきちんと筋が通った、ものの考え方をしなくてはダメだ」としょっちゅう叱られていました。だから数学を一生懸命勉強すると、なるほどなと思うことが多かったですね。高校2年ごろから、大学は文系で受けると決めていたわけですが、数学は好きでしたよ。今考えると、やっぱりそういうことが基になっている気がします。

カイゼンと数学

張富士夫　大学を卒業してトヨタに入って6年め、私は法学部出身なのに、なぜか現場の改善業務をやれと言われました。これは製造の現場で飽くなき「カイゼン」[1]をやるのが仕事ですから、本来、技術屋の仕事です。びっくりして、はじめはちょっと断ろうと思ったのですけれども、上司が言うことを聞いてくれなくて、結局15年くらい現場の「カイゼン」をやりました。

その中で色々な勉強をしましたけれども、いま振り返っても、大きく言って二つのことがあります。一つは、会社の中っていうのは膨大な数字が行き来しています。これは先生がさっきおっしゃった「正直」ということにも繋がると思いますが、すべて数字できちっとやるっていうこと、情が入ったり、文学的な表現でごまかされたり、じゃなくて、正直なこと、これが全ての基になっているんですね。だから私どもでいうと、たとえば生産計画、どういう車を何台作る、すると売

1　［カイゼン］トヨタ生産方式のこと。諸外国の企業でもKaizenという名で呼ばれて導入されている。

り上げがどのくらいになったとか。それから原価は一体いくらになっているのか、なんでこんなに高いのかとか、逆にこれがどうしてうまくいったのか、とか。やっぱり全ては数字を見ながら判断してゆく。もし、数字がなかったら、あの車はカッコイイとか、この車は乗り心地がいいとか、そういう情報ばかりになる。それでは新しい車を作ろうったって、どうしていいかわかりませんでしょ？　やっぱり、車の大きさ、重さ、騒音がどうだとか、振動がどうだとか、全部数値で出すことから始めなければ、前進しないんですよ。技術開発のときに使う難しい数値計算の話ではありません。足し算・引き算・掛け算・割り算です。数字、さらにそれをもとにした数学が、トヨタの30万人の社員のコミュニケーションの共通の基盤となっています。

「なぜ」を5回繰り返せ

一つめは数学の中の「数字」の部分でした。二つめは、数学の中の「学問」としての部分に繋がっているかもしれません。数学という学問と、「理論的である」ということは、私にはどうも一緒に思えるのです。

あらゆる現象の後ろには、原因があります。ここまでは誰でもそう考えますね。しかし私どもの会社ではですね、「さらにその原因の後ろに、真の原因がある」と遡って考えるのです。こうして原因を次々と遡って考えること、「なぜ」を最低5回は繰り返すこと、これを徹底させているんです。

自分で現場へ見に行って、実態を見たり、計測したり、数えたり、そういうことをしないとですね、机の上だけでは進まないんですよ。そういう意味で、本当にきちんきちんとやっていたら、ちゃーんと理屈があるんですね。世の中っていうのは。それは数値でも表わされると思うんだけど、たまたまとか偶然とかっていうことはないんですね。それを実際の社会で、なるほどこうすれば原価が高くなるとか、こういうことをやるから機械が壊れるんだとか、こんなやり方をするから不良品が出るんだとか、それをなぜだなぜだとこう、逆に現象から前に遡ってゆく、というのをずっとやりました。それで理論というんですか、理というんですかね、この遡るプロセスを徹底して行うと、まことに見事に、必ずこういう結果にはこういう原因がある、というのがよくわかるんですよ。

現場にいた頃、こんなことがありました。普通は1か月もつはずの刃物が1週間で飛んでしまうのです。刃物のメーカーが材質の配分を間違ったんじゃないか、ということもありえたでしょうけれども、どうもそうじゃない。では、なぜ刃物は飛んでしまうのか？ 幸いなことに1週間に1回ポーンと刃物が飛んでくれるんだったら、次の1週間じーっと見ていれば、そのダメになった瞬間が見れます。まずは手分けして、その瞬間を見てみることに決めました。すると、ある瞬間、鉄の切子（金属等の切削加工で生じる切れ屑）がくるくるっと刃物や品物に巻きついて、それで刃物が飛ぶことがわかったんですね。そこで次、なぜ切子が絡むんだ、と。するといろいろな原因が考えられましたけれども、結局、切子が出てきたときに、その場でぽんぽんぽんぽん切子を短く切るような装置をつくって、切子が巻きつくのを防げばよい、という解決策が見つかったんですね。現場では全部そういう風にして、個々の現象ひとつひとつについて、なぜを繰り返していました。

そんなことを何年も何年も来る日も来る日もやらされましたから、だからずいぶんそういう意味では、理にかなったものの見方ができるようになりました。今、親父が生きていれば、少しは息子もわかってきた、理屈に筋の通った考え方をするようになってきたな、と思ってくれるんではないかと思います。

小林俊行　「なぜを5回」というお話を伺って、私はとても嬉しい気持ちになりました。私は大学院生や専門家相手に数学の講義をすることも多いのですが、一方、スケジュールの調整ができれば法学部とか経済学部の1、2年生に1学期間を通して教えるようにしています。そういう講義ではまず、受講する学生の方々に、数学で公式とかを覚えてはいけない、普遍的な理論を理解すること、あるいはわかろうとする努力そのものが大事である、と言います。そして、これに加えて二つ、「わからないことを自分の中で明瞭に意識して抱え込む」、「抱え込んで何度でも考える」、というトレーニングを1学期間やって欲しい、と言うんですよ。

張富士夫 なるほど、なるほど。

小林俊行 それはさっきの「なぜを5回繰り返せ」とものすごく近いところがあるように感じます。わからないことを丸暗記して、自分に妥協してしまったら、そこで進歩が止まってしまいます。わかっていないということを自覚して、またさらにそこをなんとかわかろうとして、ますますわからなくなる。これは苦しい知的作業ですが、わからない、わからないと考え抜いて、さらに考え抜くことができる人を私は社会に送りだしたい。そういう気持ちを強く持っています。

張富士夫 やっぱり数学というのは考える学問なんであって、覚える学問ではないですよね。

小林俊行 正にそう思います。経済学における数学でも、原理をわからないまま法則や公式を丸暗記して、間違った使い方をする、っていうのが一番やって欲しくないことです。だから時間を惜しまずに何度も何度も原理にさかのぼって、普遍的な真理を求めてゆく。そうやって思考してゆくこと、そのものが数学という気がします。

張富士夫 高校3年生のときだったか、浪人中だったか、三角関数の問題で、サイン・コサインを使うわけですが、どうも問題の意味からしてわからない、っていうのがあったんですよ。難しいんだけれど、なぜだかそのときは長時間考えることができて、わからない、わからない、とずっと考えていました。結局、1問解くのに1日かかったけど、なんとか自力で最後まで解けた。その問題の後には、似た問題が5題か7題あったのですが、それらはもうたちまちのうちに解けちゃったんですよ。最初の1題を解くのに、1日ずっと考え続けたことで、その日を境に何かが変ったんですね。これは忘れられない経験でした。やっぱりその、とことん自分で考えて最後まで考えぬく、っていうことなんでしょうね。

小林俊行　その「わからない、わからない」という時間はブレークスルーに繋がる貴重な時間なんでしょうね。数学者としての私はいつも「わからない」ことをたくさん抱えこんでいます。誰も解明できていない数学の問題を考えているとき、あるいは、その先に何か価値のある発見があるかどうかさえわからないとき、また、真っ暗闇の中で手探りで考え続けているとき、「わからない」ということがたとえどんなに不快で苦しくても、正面から「わからないこと」に向き合いたいと思っているのです。

張富士夫　そうか、数学者の研究ではきっと、「なぜ」の回数がずいぶん多いのでしょうね。

小林俊行　はい、そうなんです。だから、さきほどお話いただいた「なぜを5回」は、それを積極的にとらえて標語にした、わかりやすくて心に残る素敵な表現ですね。

東京大学

The University of Tokyo

江戸幕府直轄の教育機関の流れを汲み、明治維新後、西洋の大学の諸制度を取り入れて 1877 年に「東京大学」として設立された。

東京大学出身のノーベル賞受賞者は川端康成、江崎玲於奈、佐藤栄作、大江健三郎、小柴昌俊、南部陽一郎、根岸英一の 7 名、フィールズ賞受賞者には小平邦彦がいる。東大創立時の教授の 1 人であった数学者、菊池大麓は、後に東大総長・京大総長・文部大臣・理研初代所長として日本の教育・研究に貢献している。トムソン・ロイター発表の大学ランキングでは、東京大学は世界 11 位（2010 年）。約 3 万人の学部生・院生を擁し、大学院生の約 15% が外国人留学生。

小林 俊行
Toshiyuki Kobayashi

1962 年生まれ。数学者。25 歳のときにカラビ・マルクス現象の必要十分条件を解明し、これをきっかけにリーマン幾何学の枠組をこえた不連続群の理論を世界で初めて構築し、プリンストン高等研究所に招聘される。その後も無限次元空間における「離散分岐則の理論」、可視的作用の概念を用いた「無重複表現の統一理論」など次々に新しい数学理論を生み出したことにより、日本数学会春季賞、大阪科学賞、日本学術振興会賞、サックラー・レクチャラー（イスラエル）、フンボルト賞（ドイツ）などを受賞。RIMS 教授、ハーバード大学客員教授を歴任し、東京大学大学院数理科学研究科教授。IPMU 上級科学研究員兼任。

TOYOTA

Company Profile

1937年設立。愛知県豊田市に本社を置く。カローラなど普通乗用車のほか、エコカーやハイブリッドカーを生産・販売する世界的な自動車会社。海外の26か国/地域に製造事業体を持ち、トヨタ車は170か国/地域以上で販売されている。ニューヨーク、ロンドン、ならびに国内の主要株式市場に上場。2010年3月期では720万台の車両を販売し、2,094億円の純利益を計上した。2010年3月末現在の従業員数は32万人（連結）。

張 富士夫
Fujio Cho

1937年生まれ。60年に東京大学法学部を卒業し、トヨタ自動車工業に入社。88年、トヨタ自動車取締役に就任し、トヨタモーターマニュファクチャリングU.S.A.取締役社長となる。その後、トヨタ自動車で常務取締役、専務取締役、取締役副社長などを経たのち、99年に同社取締役社長に就任する。2006年から取締役会長を務めるとともに、ソニー、東海旅客鉄道等の取締役を兼任し、現在にいたる。日中経済協会会長。藍綬褒章、旭日大綬章受章。

金融の世界で数学が重要な理由

BNP パリバ・グループ

Company Profile

世界有数の一大金融グループ（本社フランス）。世界 80 を超える国と地域において 20 万人以上の社員を擁し（2010 年 7 月現在）、リテールバンキング、投資銀行業務、資産運用業務をはじめ幅広いビジネスを行う。日本においても有力外資系金融機関のひとつとして、グループのもつ強大な陣容と広範な業務展開を背景に、優れた金融サービスを提供している。日本における業務展開の中核は投資銀行ならびにコーポレート・バンキング部門であり、BNP パリバ証券会社と BNP パリバ銀行が中心となっている。

安田 雄典
Yusuke Yasuda

BNP パリバ証券会社の日本における前代表者。1947 年東京都生まれ。1970 年東京大学経済学部卒業。1978 年ハーバード大学経営大学院卒業(経営学修士)。日本航空を経て、1985 年コンパニー・フィナンシエール・ド・パリバ駐日事務所上席代表に就任。1989 年パリバ証券会社(2005 年 BNP パリバ証券会社に名称変更）の日本における代表者兼東京支店長となる。2005 年 1 月フランス政府より「レジオン・ドヌール勲章シュヴァリエ」を受章。2010 年 1 月に退職。

金融の世界で数学が重要な理由

安田雄典　ＢＮＰパリバ証券会社 前日本代表

金融業にとって数学が必要な理由の例をお示しする場合、普通は確率微分方程式の応用例であるブラック・ショールズモデルの解説など、数学による成果物についてのお話をするのだと思いますが、ここでは少し視点を変えて、実務に携わっている者にも、日本語や英語などと同様に、思考の道具として数学が大変有効だというお話をしたいと思います。このため、ここでは金融の最先端のお話ではなく、むしろ金融の基礎である「金利」を題材としてお話したいと思います。

1　定義

いま、時刻０に金額 $X(0)$ のお金を投資して、時刻 τ に回収したら $X(\tau)$ $(> X(0))$ になったとします。このとき、

$$X(\tau) = (1 + r_\tau \cdot \tau)X(0) \qquad ①$$

となる r_τ を、現時点における、期間 $[0,\ \tau]$ の**金利**と呼びます。また、当初投資したお金 $X(0)$ のことを**元金**、元金の増加分 $\Delta X \equiv X(\tau) - X(0)$ を**利息**と呼びます。実務上は、τ として1日間、1週間、1か月間、2か月間……12か月間などがあり、それぞれに対する金利をオーバーナイト金利、1週間物金利、1か月物金利、2か月物金利……12か月物（あるいは1年物）金利などと呼びます。一方、今から将来の金利を予約しておくこともできます。例えば、今、将来のある時刻 t に金額 $X(t)$ のお金を投資することを約束し、時刻 $t + \tau$ に次の式に従って計算される値を返却してもらうことにします：

$$X(t+\tau) = (1 + R_{t \to t+\tau} \cdot \tau)X(t) \qquad ②$$

このときの金利 $R_{t \to t+\tau}$ を、現時点における、将来の期間 $[t,\ t+\tau]$ の**予約金利**[1]と呼びます。ただし、予約金利のうち $t = 0$ のものは現時点における期間 $[0,\ \tau]$ の金利ですから、r_τ と一致します。すなわち、

$$R_{0 \to \tau} = r_\tau \qquad ③$$

1　多くの金融関連の書物では、これをフォワードレートとか金利先物と呼んでいますが、ここでは、「いま」予約する将来の金利というニュアンスを前面に押し出したいので、予約金利と呼ぶことにします。

です。さて、ここで元金 $X(0)$ をまず期間 $[0, \tau]$ に対して金利 $R_{0\to\tau}\ (= r_\tau)$ で投資し、時刻 τ に元金と利息をあわせて次の期間 $[\tau, 2\tau]$ に金利 $R_{\tau\to 2\tau}$ で再投資する、という具合にどんどん再投資を繰り返していくことを今、予約しておくことにします。このことを式で表すと次のようになります：

$$X(T) = (1 + R_{0\to\tau}\cdot\tau)(1 + R_{\tau\to 2\tau}\cdot\tau)\cdots(1 + R_{(n-1)\tau\to n\tau}\cdot\tau)X(0). \qquad ④$$

ただし、$T = n\tau$（n は1以上の整数）です。実務上は、τ として0.5年を使うことが多いので、例えば0.5年後、1年後、1.5年後の金額は、それぞれ

$$X(0.5年) = (1 + R_{0\to 0.5年}\cdot 0.5年)X(0) \qquad ④'$$

$$X(1年) = (1 + R_{0\to 0.5年}\cdot 0.5年)(1 + R_{0.5年\to 1年}\cdot 0.5年)X(0) \qquad ④''$$

$$X(1.5年) = (1 + R_{0\to 0.5年}\cdot 0.5年)(1 + R_{0.5年\to 1年}\cdot 0.5年)(1 + R_{1年\to 1.5年}\cdot 0.5年)X(0) \qquad ④'''$$

という具合になります。一般的に金利はゼロでない正の数ですから、

$$X(0) < X(0.5年) < X(1年) < X(1.5年) < \cdots < X(n\tau) < \cdots \qquad ⑤$$

と金額はどんどん大きくなることがわかります。つまり、元金と利息をあわせて再投資を繰り返していくと金額は大きくなっていくのです。また、④式をみると、$X(0)$ と $X(T)$ は比例関係にありますから、

$$X(0) = X(T) \cdot DF_T \quad ⑥$$

となる DF_T を導入することができます。この式の意味は、時刻 T でのある金額のお金は DF_T を掛けることで、現在の価値に換算することができるということです。この DF_T を**割引率**（英語ではディスカウントファクター）と呼び、④式より

$$DF_T \equiv \frac{1}{(1+R_{0\to\tau}\cdot\tau)(1+R_{\tau\to 2\tau}\cdot\tau)\cdots(1+R_{(n-1)\tau\to n\tau}\cdot\tau)} \quad ⑦$$

となります。もっと具体的に0.5年、1年、1.5年の割引率は、

$$DF_{0.5\text{年}} \equiv \frac{1}{(1+R_{0\to 0.5\text{年}}\cdot 0.5\text{年})} \quad ⑦'$$

$$DF_{1\text{年}} \equiv \frac{1}{(1+R_{0\to 0.5\text{年}}\cdot 0.5\text{年})(1+R_{0.5\text{年}\to 1\text{年}}\cdot 0.5\text{年})} \quad ⑦''$$

$$DF_{1.5年} \equiv \frac{1}{(1 + R_{0\to 0.5年} \cdot 0.5年)(1 + R_{0.5年\to 1年} \cdot 0.5年)(1 + R_{1年\to 1.5年} \cdot 0.5年)} \qquad ⑦'''$$

という具合になります。この概念は金融の世界では非常に重要で、例えば2つの投資案件があり、どちらが有利かを検討するとき、単に将来もらえる金額の大小だけを比較するだけではだめで、時点をそろえる必要があります。このような場合に、この割引率を用いて現在の価値に引き戻してから、比較するという方法をとるのです。さて、⑤式と⑥式から、

$$1 > DF_{0.5年} > DF_{1年} > DF_{1.5年} > \cdots > DF_{n年} > \cdots > 0 \qquad ⑧$$

とわかります。これは、金融の世界で普遍的に成立する不等式で、後ほど重要となりますから、覚えておいて下さい。

2　ブートストラップ法

ところで、1年以上の投資の場合には、一定間隔で利息を受け取るのが一般的です。例えば、いま金額 $X(0)$ のお金を1年間に渡って投資する場合、次の式で計算される金額を6か月毎に利息として受け

取るのが一般的です：

$$\frac{c_1}{2}X(0). \quad ⑨$$

ここで c_1 を2で割っているのは、1年当たりの利息が $c_1X(0)$ であり、その半分をまず6か月目に受け取り、残りの半分を1年目に受け取るという考えに基づいています。このように1年当たりの利息の率（ここでは c_1）を**年率**と呼びます。さて、この将来受け取る金額、すなわち

6か月目の利息 $\frac{c_1}{2}X(0)$,

1年目の元金と利息 $X(0)+\frac{c_1}{2}X(0)$

に対して、それぞれに割引率 $DF_{0.5年}$、$DF_{1年}$ を掛けてから合計すると、

$$\frac{c_1}{2}X(0)DF_{0.5年}+\left(X(0)+\frac{c_1}{2}X(0)\right)DF_{1年} \quad ⑩$$

という式を得ます。これは、将来受け取る金額の現在価値という意味があります。金融の世界では、これを当初の投資金額と等しいと考えます。この根拠は、c_1 が小さすぎると投資妙味がないので誰も

投資しようとしませんし、逆に大きすぎると投資家が殺到してしまうので、必ず均衡点があるはずで、それを「将来にわたって受け取れる金額の現在価値が、当初の投資金額と一致するところ」と考えるわけです。従って、

$$X(0) = \frac{c_1}{2}X(0)DF_{0.5\text{年}} + \left(X(0) + \frac{c_1}{2}X(0)\right)DF_{1\text{年}}$$

となります。この両辺を $X(0)$ で割ると、

$$1 = \frac{c_1}{2}DF_{0.5\text{年}} + \left(1 + \frac{c_1}{2}\right)DF_{1\text{年}} \qquad ⑪$$

となります。ここで、割引率の定義式⑦'と⑦''を思い出すと、$DF_{0.5\text{年}}$ は6か月物金利 $R_{0\to0.5\text{年}}$ $(= r_{0.5\text{年}})$ を用いて求まり、あとは予約金利 $R_{0.5\text{年}\to1\text{年}}$ の値が決まれば $DF_{1\text{年}}$ が決まりますから、それらをこの⑪式に代入すれば c_1 が求まります。逆に、c_1 の値が決まれば、その c_1 と $DF_{0.5\text{年}}$ を⑪式に代入すれば $DF_{1\text{年}}$ が求まり、予約金利 $R_{0.5\text{年}\to1\text{年}}$ が求まることが分かります。このように、c_1 と $R_{0.5\text{年}\to1\text{年}}$ は、一方が決まれば他方が決まる関係（すなわち、一対一対応の関係）にあるのです。

次にお金を1.5年間に渡って投資する場合を考えましょう。このときの6か月毎に受け取れる利息の年

率を $c_{1.5}$ とおくと、

6か月目の利息が $\frac{c_{1.5}}{2}X(0)$,

1年目の利息が $\frac{c_{1.5}}{2}X(0)$,

1.5年目の元金と利息が $X(0)+\frac{c_{1.5}}{2}X(0)$

となりますから、先ほどと同様にして

$$1=\frac{c_{1.5}}{2}DF_{0.5\text{年}}+\frac{c_{1.5}}{2}DF_{1\text{年}}+\left(1+\frac{c_{1.5}}{2}\right)DF_{1.5\text{年}} \quad ⑫$$

を得ます。この式から $c_{1.5}$ と $R_{1\text{年}\to1.5\text{年}}$ が一対一対応の関係にあることがわかります。このように順次 c_2 と $R_{1.5\text{年}\to2\text{年}}$、$c_{2.5}$ と $R_{2\text{年}\to2.5\text{年}}$、……などと期間の短いものから順に一対一の対応が作られていきます。この方法は靴ひもを下から上に編んでいくのになぞらえてブートストラップ（靴ひも）法と呼ばれています。

3　市場慣行による式

ところで、金融業界には市場慣行により定着した式が存在します。それは、1年よりも長期間に渡ってお金を投資する場合の利息に関する式です。まず、n年間（nは2以上の整数）にわたって6か月毎に受け取る利息の年率が c_n としましょう。このとき、実務家たちは、同じn年間にわたって1年毎に受け取る利息の年率 p_n を、

$$1 + p_n = \left(1 + \frac{c_n}{2}\right)^2 \qquad ⑬$$

という式によって求めるのです。これが、市場慣行によって定着した式です。そもそも、金融になじみのない方は、6か月毎にもらえるお金は1年毎にもらえるお金よりも回数としては2倍になっているので、金額としては半分でいいのではないか（すなわち、$2 \times \frac{c_n}{2}$ が p_n と等しいのではないか）と思われるかもしれませんが、金融の世界では、金額が同じなら少しでも先にもらう方が得なので、そうならないためには $c_n < p_n$ でなければなりません。実際、⑬式の右辺を展開すれば、この条件を満たしていることが容易に確認できます。しかし、問題はこの式はあくまでも簡便式であって、厳密な式ではないということです。これを確かめるために、c_n、p_n をそれぞれ正確に求めてみましょう。まず、先ほどご紹介したブートストラップ法により、

$$1 = \frac{c_n}{2} DF_{0.5年} + \frac{c_n}{2} DF_{1年} + \frac{c_n}{2} DF_{1.5年} + \cdots + \frac{c_n}{2} DF_{n-0.5年} + \left(1 + \frac{c_n}{2}\right) DF_{n年} \quad ⑭$$

より、

$$c_n = \frac{2(1 - DF_{n年})}{DF_{0.5年} + DF_{1年} + DF_{1.5年} + \cdots + DF_{n-0.5年} + DF_{n年}}. \quad ⑮$$

同様に、

$$1 = p_n DF_{1年} + p_n DF_{2年} + \cdots + p_n DF_{n-1年} + (1 + p_n) DF_{n年} \quad ⑯$$

より、

$$p_n = \frac{1 - DF_{n年}}{DF_{1年} + DF_{2年} + \cdots + DF_{n-1年} + DF_{n年}}. \quad ⑰$$

そこで、⑬式が正しいと仮定して、⑮式と⑰式を代入すると、

$$\frac{1 + DF_{1年} + \cdots + DF_{n-2年} + DF_{n-1年}}{DF_{1年} + DF_{2年} + \cdots + DF_{n-1年} + DF_{n年}} = \left(\frac{1 + DF_{0.5年} + \cdots + DF_{n-1年} + DF_{n-0.5年}}{DF_{0.5年} + DF_{1年} + \cdots + DF_{n-0.5年} + DF_{n年}}\right)^2 \quad ⑱$$

となります。実は、この等式が成立するのは

$$\frac{1}{DF_{0.5年}} = \frac{DF_{0.5年}}{DF_{1年}} = \cdots = \frac{DF_{n-0.5年}}{DF_{n年}} \qquad ⑲$$

の時だけです。[2] さらに、この式に割引率の定義式⑦を代入すると、

$$R_{0\to0.5年} = R_{0.5年\to1年} = \cdots = R_{(n-0.5)年\to n年} \qquad ⑳$$

となり、予約金利が全て等しいことになってしまいます。現実の世界ではこのようなことはあり得ませんので、矛盾です。従って⑬式は厳密には正しくないのです。それでは何故、この式が実際の取引で頻繁に使われるのでしょうか。それは、単に簡便だからというだけではなく、十分によい近似だからです。では何故、いつ利用しても良い近似が得られるのでしょうか？　私は実務を続ける中で、長年にわたってずっとこの疑問を持ち続けていました。しかし、世の中に金融関連の書物はたくさん出ていますが、この疑問に答えてくれる本は一冊もありませんでした。ですから、自分でこの疑問の答えを探すしかありませんでした。そしてようやく、そのからくりには金融の世界で普遍的に成立する不等式⑧式の存

2　十分条件は⑲式を⑱式に代入すれば確かめられますが、必要条件は多少複雑ですので、ここでは省略します。

在があることを発見しました。次章でそのお話をしましょう。

4　実務家にも数学が必要なわけ

まず、ここで⑧式を再掲すると

$$1 > DF_{0.5年} > DF_{1年} > DF_{1.5年} > \cdots > DF_{n年} > \cdots > 0$$

ですが、この数列を$DF_{0.5年}$から始めて1つ飛ばしに右側の項を順次足していったものと、$DF_{1年}$から始めて1つ飛ばしに右側の項を順次足していったものを比べると、

$$DF_{1年} + DF_{2年} + \cdots + DF_{n年} < DF_{0.5年} + DF_{1.5年} + \cdots + DF_{n-0.5年} \quad ㉑$$

であることが分かります。さらに、左辺と同じものを両辺に加えると、

$$2(DF_{1年} + DF_{2年} + \cdots + DF_{n年}) < DF_{0.5年} + DF_{1年} + DF_{1.5年} + \cdots + DF_{n-0.5年} + DF_{n年}$$

となります。両辺を$2(1 - DF_{n年})(> 0)$で割ると、

$$\frac{DF_{1年}+DF_{2年}+\cdots+DF_{n年}}{1-DF_{n年}}<\frac{DF_{0.5年}+DF_{1年}+DF_{1.5年}+\cdots+DF_{n-0.5年}+DF_{n年}}{2(1-DF_{n年})}$$

を得ますが、これは⑮式と⑰式と用いると、

$$\frac{1}{p_n}<\frac{1}{c_n}$$

となります。$c_n>0$、$p_n>0$ なので、

$$c_n<p_n \qquad ㉒$$

です。

同様に⑧式で、一番左端の数である1から始めて1つ飛ばしに右側の項を順次足していったものと、$DF_{0.5年}$ から始めて1つ飛ばしに右側の項を順次足していったものを比べると、

$$DF_{0.5年}+DF_{1.5年}+DF_{2.5年}+\cdots+DF_{n-0.5年}<1+DF_{1年}+DF_{2年}+\cdots+DF_{n-1年} \qquad ㉓$$

となることが分かります。この式も同様に変形していくと、

$$1-\frac{c_n}{2}<\frac{c_n}{p_n}$$

を導くことが出来ます。[3] ここで、現実の世界では c_n は数パーセントのオーダーだから、$1-\frac{c_n}{2}>0$ であり、

$$p_n<\frac{c_n}{1-\frac{c_n}{2}} \quad ㉔$$

を得ます。従って、㉒式と㉔式をあわせると、

$$c_n<p_n<\frac{c_n}{1-\frac{c_n}{2}} \quad ㉕$$

となります。ここで、p_n の正確な値と市場慣行による式⑬によって得られる近似値との差を ε_n とすると、

$$p_n=c_n+\frac{{c_n}^2}{4}+\varepsilon_n \quad ㉖$$

となるから、これを㉕式に代入すると、

3　実際に、この式に⑮式と⑰式を代入して、c_n と p_n を消去して㉓式が得られることを確認してみて下さい。

$$-\frac{c_n^2}{4} < \varepsilon_n < \frac{c_n^2}{4}\frac{1+\frac{c_n}{2}}{1-\frac{c_n}{2}} \quad ㉗$$

となります。この式の右辺は

$$\frac{c_n^2}{4}\frac{1+\frac{c_n}{2}}{1-\frac{c_n}{2}} = \frac{c_n^2}{4}\left(1+c_n+\frac{c_n^2}{2}+\cdots\right) \quad ㉘$$

ですから、c_n の3乗よりも高次元の項をネグると、$\frac{c_n^2}{4}$ と同程度と分かります。従って、$|\varepsilon_n|$ は $\frac{c_n^2}{4}$ と同程度かそれよりも小さい値であることがわかります。このように、市場慣行による式⑬が常に良い精度を保っていられるのは、不等式㉕が常に成立しているからだということが分かりました。ところがこの不等式は、金融取引となんら関係がありませんので、金融業の実務に専念しているだけでは発見できない式です。それでも、⑬式の精度が保証されているということを知っておくことは、実務を行って行く上でも大変重要なことです。このように、金融業の実務家にも数学は不可欠なのです。

5　最後に

金融工学など高度化が進んだ現代の金融業において、複雑な方程式がどんどん導入されていますが、⑬式のようなパソコンが導入されるよりもずっと以前から使われていた原始的な式が淘汰されずに今でも実務で頻繁に使われているのはとても不思議なことでした。しかし、その背後には金融の世界で普遍的に成立する不等式⑧

$$1 > DF_{0.5年} > DF_{1年} > DF_{1.5年} > \cdots > DF_{n年} > \cdots > 0$$

があり、その結果、不等式㉕

$$c_n < p_n < \frac{c_n}{1 - \frac{c_n}{2}}$$

が常に成立するというのが本質的だったことがわかりました。この本質をあぶり出してくれたのは、純粋に数学のお陰でした。

生命保険経営は、数学に支えられている

日本生命保険相互会社

Company Profile

1889年創立。生命保険業界のリーディングカンパニー。1,000万人にも及ぶ契約者、45兆円規模の総資産など、世界各国の生命保険会社の中でトップクラスの水準を誇る。生命保険業を通じて「安全・安心」を提供するとともに、国内最大級の機関投資家として日本経済を支えている。リーマンショック後の厳しい経営環境においても、強固な財務基盤を基に着実に歩みを進める。

宇野 郁夫
Ikuo Uno

1935年生まれ。1959年東京大学法学部を卒業後し、日本生命保険相互会社に入社。1986年取締役に就任した後、常務、専務、副社長、社長を経て、2005年4月代表取締役会長に就任。

生命保険経営は、数学に支えられている

宇野郁夫　日本生命 会長

はじめに

日本生命には、大学で数学などを学び、保険数理や年金数理の専門家（「アクチュアリー」といいます）として活躍している職員が、現在74名います。彼らのうち、12名は部長として、経営企画、商品戦略、年金設計、法人営業、会計・経理、リスク管理、基礎研究などの重要部門を牽引しています。さらに、3名は役員として、会社の経営に携わっています。

このように、今日の日本生命では、幅広い分野で、数学を学んだ職員が経営をリードしていますが、本来、生命保険は、数学的基礎を基盤として成り立っているものであり、１２０年前の創業以来、その伝統をしっかりと守っています。

最初に、日本生命の創業時のエピソードをご紹介します。

日本生命の創業を支えた数学

明治22年7月4日、大阪府知事に「有限責任日本生命保険会社」の創立願が受理されました。ここに、日本生命の歴史が始まりました。しかし、本当の意味で「日本生命」が誕生するには、それから2か月半を要することになりました。

当時、日本国内には、日本独自の保険料表（年齢別の死亡率に基づいて保険料を算出したもの）がなく、日本生命でも、当初は外国の死亡率統計に準拠した保険料表を利用することを予定していました。しかし、日本国内で生命保険事業を行うわけですから、本来、日本での死亡率統計に基づいた保険料表でなければ、安定的な事業運営はできません。日本生命の経営陣は「日本独自のデータを活用し、数学的精神に基づき合理的に作成された保険料表が必要である」と強く考えていました。

この重要な任務を担当したのが、人見米次郎（日本生命創業時の従業員で当時24歳の青年）でした。人見米次郎は、新しい保険料表を作成するべく、東奔西走しましたが、そのとき、偶然に新聞広告で見つけた書物が、数学者の藤澤利喜太郎氏（東京帝国大学数学科教授）によって公刊されたばかりの『生命保険論』（明治22年7月12日文海堂発行）でした。

人見米次郎は、同書に展開されている生命保険の科学的研究に胸躍る思いで読み耽ったといいます。これまでの数か月間、保険料表の作成を巡って心を痛めていた疑問が次々に氷解していく思いでした。

そこで、人見米次郎はただちに行動を開始し、明治22年8月22日、小石川にあった藤澤邸を訪れ、同書の中の疑問点などについて教示を乞いました。藤澤氏も、熱意に溢れた人見米次郎の態度に感銘を受け、胸襟を開いての話し合いが始まりました。そして、人見米次郎は、日本生命の経営陣が事業を始めるにあたり、合理的な保険料表を模索しているという事情を述べ、藤澤氏に保険料表の作成をお願いしたい旨を申し入れましたが、これに対して、藤澤氏は次のような意向を人見米次郎に伝えました。

『生命保険論』

「自分の抱負が実際に行なわれることは、自分としても悦ばしいことであるから（保険料表作成を）援助しないわけでもないが、自分には少しく理想がある。……保険掛金は高きに過ぐるとも低きに失せざるように定めておき、その後実際余剰を見たときには、之を被保険人に割り戻すのが万全の策である。従って、自分に援助を乞うなら、この割戻しの制度を約束してもらいたい。そうすれば、喜んで援助しよう。」

藤澤氏は、保険料表の作成に協力することの条件として、「契約者への利益配当の実施」を約束するように求めたのです。生命保険の利益配当は、今日でこそ一般的ですが、その当時では、出資者の資本を危険にさらして得られた会社の利益を、出資者ではなく、契約者に割り戻すことは思いもよらぬことでした。人見米次郎は、すぐに大阪の日本生命本社に対して、藤澤氏の意向を長文の電報で伝えました。

電報を受け取った日本生命本社では、緊急の重役会議を開きました。長い会議になりましたが、藤澤氏の意向を全面的に受け入れることで衆議一決し、東京にいる人見米次郎に「フジサワノセツ、ショウチセリ。スグタノメ」と打電しました。

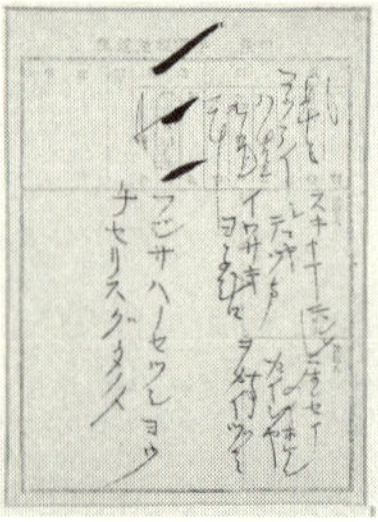
「スグタノメ」の電報

翌日、人見米次郎は藤澤邸を訪ね、「契約者への利益配当の実施」を約束した上で、保険料表の作成を正式に依頼しました。藤澤氏はこれを快諾し、一両日中に保険料表の作成に着手する旨を確約しました。

人見米次郎が東京滞在中に定宿としていた島屋旅館（日本橋区

数寄屋町）の一室を、便宜上の事務所として、ここで保険料表作成の作業を行なうことにしました。岡幸雄氏、宇田柏三郎氏の2人の数学者からも協力を受けることが決まり、藤澤氏、岡氏、宇田氏の3人の数学者が島屋旅館に集まり、新しい死亡率表および保険料表の作成が開始しました。確率統計学や解析学などを用いて、連日連夜の熱心な作業が続けられ、9月3日に完成をみました。このときに作成された死亡率表が「藤澤氏第二表」と呼ばれており、日本独自のデータを活用して合理的に作成された最初の死亡率表であり、わが国の生命保険史上、画期的なものでした。

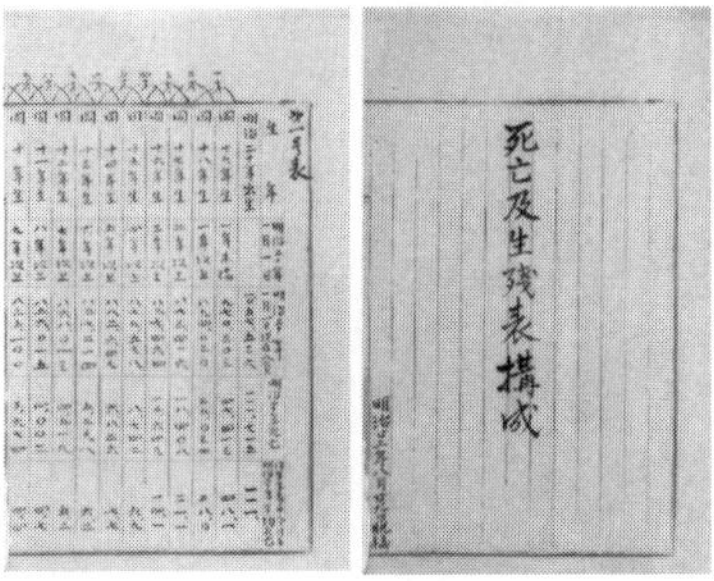

藤澤氏第二表

明治22年9月20日、日本生命は、この「藤澤氏第二表」に基づき作成された保険料表を使用することで、ようやく生命保険事業を開始しました。その際に、藤澤氏に約束した「契約者への利益配当の実施」については、日本生命の保険規則（保険会社の運営方針を定めたもので、現在の定款に相当）の中に取り入れられました。明治22年9月20日に定められた「日本生命保険会社保険規則」の第8章「掛金表」の項においては、次のように記載されています。

「掛金ニシテ万一高キニ過ギタル事ヲ発見シタルトキハ、……本社ノ被保人タル申込人ニ対シ利益ノ一部分ヲ割戻ス事アルベシ。」

ここに、わが国における契約者への利益配当がスタートしたのであります。

こうした藤澤氏の保険思想は、創業から120年以上経過した今日においても脈々と受け継がれており、現在の日本生命でも、「長期の生命保険契約を確実に履行すること」と「契約者への利益配当を充実すること」の2つを経営の基本としています。

日本アクチュアリー会の創立

数学者の藤澤利喜太郎氏は、その後、「生命保険の経営にあたっては、数理計算の専門家であるアクチュアリーを置くことが必要である」と考え、人見米次郎等の若い人材の教育・指導を熱心に行ないました。こうした藤澤氏の考えは生命保険業界に次第に広がると同時に、「保険数理の研究、若手アクチュアリーの教育・育成を目的とした専門機関の設立が必要ではないか」と考えられるようになり、明治32年（1899年）、9名の発起人により「日本アクチュアリー会」が発足しました。9名の発起人の中には、人見米次郎も含まれています。

世界的に見ると、最も長いアクチュアリーの歴史を持つイギリスでは、英国アクチュアリー会(The Institute of Actuaries)が、1848年という早い時期に発足していますが、米国アクチュアリー会(Actuarial Society of America)の発足が1889年、ドイツアクチュアリー会(Deutscher Verein für Versicherungs-Wissenschaft)の発足が1899年、フランスアクチュアリー会(L'Institut des Actuaires Français)の発足が1890年と、日本アクチュアリー会とほぼ同時期に発足しています。日本アクチュアリー会は、世界のアクチュアリー会の中で9番目に長い歴史を持つと言われています。

また、今日では、世界各国のアクチュアリー会をメンバーとした国際的専門家団体である「国際アクチュアリー会」(International Actuarial Association)が設立されていますが、この国際アクチュアリー会には、欧米や日本だけでなく、世界各国（現在75か国）のアクチュアリー会がこれに加盟しています。

今日の日本アクチュアリー会の活動

明治32年に発足した当時の日本アクチュアリー会の会員数は、わずか9人でしたが、その

1899年（明治39年）	9人（うち、正会員	9人）
1925年（大正14年）	116人（うち、正会員	31人）
1940年（昭和15年）	268人（うち、正会員	74人）
1960年（昭和35年）	405人（うち、正会員	129人）
1980年（昭和55年）	1,873人（うち、正会員	401人）
1990年（平成2年）	2,672人（うち、正会員	614人）
2000年（平成12年）	3,375人（うち、正会員	926人）
2010年（平成22年）	4,228人（うち、正会員	1,257人）

日本アクチュアリー会の会員数の推移

後、年々会員数は増え、大正14年に１００人を突破し、昭和42年に１０００人を突破しました。創立から１１０年以上経過した今日では、会員数４２２８人（うち、正会員１２５７人、準会員等２９７１人）の大きな専門家団体となりました。その会員は、生命保険会社だけでなく、損害保険会社、信託銀行、コンサルティング会社、会計監査法人、年金基金、大学、各種研究機関など、幅広いフィールドで活躍しています。

日本アクチュアリー会の正会員になるには、数学や保険数学などの難度の高い資格試験に合格しなくてはならず、毎年クリスマスの時期に資格試験が実施され、約３０００人の社会人や学生が、この資格試験にチャレンジしています。

現在、日本アクチュアリー会の理事長は、日本生命のアクチュアリーが務めていますが、彼の話によれば、「日本のアクチュアリー正会員数は１２００人に至ったものの、世界のアクチュアリーの数を見ると、米国は約2万人、英国は約8千人と、日本に比べて遥かに多く、日本のアクチュアリーの数をもっと増やしていかなくてはならない」ということです。

かつては、アクチュアリーの仕事は、保険料の計算を正確に行なうことが中心でした。しかし、保険事業が拡がり進化していく中で、アクチュアリーも、幅広い分野でその能力の発揮が要請されるようになりました。今日では、保険商品の設計、保険金や年金の支払のための準備金(「責任準備金」といいます)の積立、大災害や経済危機等のリスクへの対応等の幅広い分野を、アクチュアリーが中心となって担っています。

日本生命における数学の果たす役割

生命保険は非常に長期の契約で、保険期間(契約締結から満期までの期間)の平均は30年程度であり、中には50年を超えるものもあります。生命保険会社は、こうした長期の保険期間を通じて、保険金や年金を確実に支払うことが使命です。

しかし、これまでの歴史を振り返って見ると、30年や50年という長期間にわたり、生命保険会社の経営環境が、全く平穏無事だったということはありません。その間には、大災害、経済危機や恐慌、あるいは戦争などの大変動に見舞われています。感染病の流行にしても、最近では、新型インフルエンザや鳥インフルエンザが話題になりましたが、大正7年からのスペイン風邪の流行では、日本だけでも38万人の人が亡くなったと言われています。このような大変動があっても、保険金や年金は、確実に支払われなくてはなりません。むしろ、大変動のときこそ、加入者からの保険金や年金への期待が、通常以上に高くなります。

日本生命は、創業以来120年の歴史において、関東大震災、2つの世界大戦、数々の経済危機等の大変動を経験しましたが、そのいずれの場合においても、保険金や年金を確実に支払い、契約者の負託に応えてきました。

生命保険会社が、大変動のリスクに耐えて、長期にわたり、確実に保険金や年金を支払い続けていくためには、2つの重要なポイントがあると考えています。一つは、大変動のリスクに耐えられるだけの自己資本（生命保険会社では、リスクに備える準備金などを「自己資本」と呼んでいます）を積み立てておくこと、もう一つは、こうした自己資本を着実に積み立てることができるように、あらかじめ保険料の中にその財源を組み込み、そしてひたすら経営の合理化を追求していくことが重要です。このような自己資本の積立や保険料の設計といった仕事には数学的能力が不可欠で、アクチュアリーの重大な職務の一つとなっています。

まず、自己資本の積立ですが、自己資本を着実に積み立てていくには、保険の販売計画、資産運用の見通し、医学的診査や保険金支払の状況、経費コントロールなど、会社全体の経営管理に関わることが必要となります。そうした仕事は「総合企画部」や「主計部」という部署が担当していますが、これらの部署では、多くのアクチュアリーが保険会社全体のリスク量を計算し、リスクの担保に必要な自己資本の積立計画を策定しています。このように自己資本を着実に積み立てることにより、契約者との長い約束（＝保険契約）を確実に履行することが可能となります。

また、保険料の設計は「商品開発部」という部署が担当していますが、当然ながら、ここにも多数のアクチュアリーの配置を必要としております。生命保険事業では、目先の価格競争だけに捉われることなく、合理的で科学的な保険料を設定することにより、経営の健全性を長期にわたり維持していくことが重要です。商品開発部では、新しく開発する新種商品のみならず、すでに販売中の既存商品についても、「この保険料で高すぎないか、あるいは安すぎないか」などを検証するため、複雑に絡まるリスク要素を因数分解して、数理的シミュレーションを行ないます。

なお、生命保険契約では、保険料に余裕があって、利益が発生している場合には、それを利益配当として契約者に還元するのが一般的ですが、この利益配当を公正・公平に計算することも、アクチュアリーの重要な仕事の一つです。

さらに、法律（保険業法）では、保険会社は「保険計理人」という職制を設けることとなっており、保険計理人は、保険数理に基づき、責任準備金や自己資本の積立状況、利益配当の水準などを毎年チェックして、その結果を取締役会や内閣総理大臣（実務上は監督官庁）に報告することが義務付けられています。

現在、日本生命では、この保険計理人や、総合企画部長、商品開発部長等のポストをアクチュアリーが担っています。

多数のアクチュアリーが活躍しているもう一つの分野が、退職金制度コンサルティングです。企業の退職金制度を将来にわたり安定して運営していくには、持続可能な制度設計を行なうと共に、退職金財源の積立状況等を毎年精査することがきわめて重要ですが、これもアクチュアリーの仕事です。日本生命では、「企業保険数理室」「４０１ｋ年金部」（「４０１ｋ年金」とは、退職金制度の一種）といった部署のアクチュアリーが、全国数千の企業の退職金制度コンサルティングを担当しており、企業保険数理室長、４０１ｋ年金部長のポストも、現在、アクチュアリーが担っています。

おわりに

生命保険は、加入者の将来のリスクを、生命保険会社が肩代わりする商品ですが、これらの商品は、確率・統計や解析学などの数学的基盤で構成されていると言っても過言ではありません。そのため、これまで述べてきたように、日本生命では、経営企画や商品開発から退職金コンサルティングに至るまでの重要な業務の多くを、数学・保険数理の専門家であるアクチュアリーに委ねています。

今日の生命保険会社は、万一のときの死亡保障ばかりでなく、年金・医療・介護などの幅広い分野で「生活の安心」を提供するようになり、それだけに、生命保険会社の担うリスクも多種多様になりました。また、「人生90年」と言われる未曾有の長寿社会を迎えて、「生命保険会社が、遠い将来にわたり、保険金や年金を確実に支払い続けること」の番人であるアクチュアリーの役割は、これから益々重要になるものと考えられます。

その中で、私は、常日頃から、彼らアクチュアリーに対して、2つのことをお願いしています。

一つは、日々研鑽して、アクチュアリーとしての技術レベルを高めてほしいということです。保険会社を取り巻くリスクは、非常に高度になり複雑化しており、1年前の技術が来年も通用するかどうかはわかりません。従って、アクチュアリーの一人一人が常に学ぶ姿勢を堅持すると共に、新しい理論を研究し、新しい技術を開発して、世界のアクチュアリー学をリードできるような活躍をしてほしいと期待しています。

もう一つは、そうは言っても、将来のリスクを100％正確に測定することは不可能であり、数学的な計算結果には自ずと限界があることを常に認識してほしいということです。数学的な計算結果は、あくまでも一定の前提条件に基づくものに過ぎず、その前提条件に狂いが生じる場合も少なからずあります。従って、いかに優れた技術を駆使したとしても、それを過信することは危険です。そこで、アクチュアリーのみなさんには、数理計算の限界性を謙虚に受け止め、一つの計算結果だけを見て、思考が狭くならないように幅広い視野を常に身につけ、いろいろな視点から物事を分析してほしい、つまり「常識の目」で物事を捉えることを怠らないでほしいということをお願いしています。

経営における数学の貢献、そして感謝

武田薬品工業

Company Profile

2011 年に創業 230 年を迎える、日本の代表的な製薬会社。研究開発型の世界的製薬企業を目指し、経営理念である「優れた医薬品の創出を通じて人々の健康と医療の未来に貢献する」の実現に向け、研究開発から医療現場における情報活動まで一貫した体制のもと世界各地で事業を展開。「生活習慣病（肥満症・糖尿病・動脈硬化）」「癌」「中枢神経疾患（うつ病・統合失調症・アルツハイマー病）」を重点疾患領域として位置付けている。

長谷川 閑史
Yasuchika Hasegawa

1946 年山口県出身。1970 年早稲田大学政治経済学部を卒業後、武田薬品工業株式会社に入社。海外子会社に勤務した後、1999 年取締役となる。経営企画部長、事業戦略部長を経て 2003 年代表取締役社長に就任。2006 年から社団法人経済同友会副代表幹事を務めており、2009 年第 16 回企業白書「新・日本流経営の創造」をまとめた。2010 年 6 月には日本製薬工業協会会長に就任している。

経営における数学の貢献、そして感謝

長谷川閑史　武田薬品工業 代表取締役社長

1　経営の現実

経営が迎える環境はとても不確実です。問題解決を必要とする日々おこる事象や、意思を持ち決断を必要とする課題も多種多様であり、かつその案件の数は一日当り何千何万件もあるでしょう。それらの「決断」を社長一人では到底こなせません。だから、組織化することによって役割分担や権限委譲を進め、重ねてそれぞれを再統合することによって、より多くの課題を解決し、より正しい事業運営を行うことに努めています。

また、経験は将来の洞察にとても有効な要素でもあります。既に経験した決断に係わる事象を類型化し、繰り返す事象に対してはマニュアル化も行います。経験という名の成功も失敗でさえも、過去の方針と成果実績の反応評価を行いながら、将来の方針に生かし見込みを立てます。こうした実践と共に、更にオペレーショナル・エクセレンスに挑み続けていきます。それでも日々新たな事象が、また多数やってくるのが経営です。

さて、経営における行動の一端を紹介させていただきましたが、こうした状況で経営者は単に経験という名の勘だけで判断しているのでしょうか？　いや、決してそうではありません。そこに今回の命題である数学の貢献を強く感じています。我々の事業には、大きく分けて統計学・推計学的な「手法の活用」としての数学の貢献と、「論理的思考」という形での数学の貢献が係わっていると思います。

これらの数学がどのように関わり、経営に貢献しているかを、拙いながら考察してみたいと考えます。そして、数学を生業とする皆さんの意見を伺い、協業することによって、事業運営を進化させると同時に、更なる社会貢献に努めたく思っています。

2　タケダにおける数学的手法の活用

私が経営しているのは製薬会社です。一般的に、どこの会社でも存在する組織としては、事業戦略部門や経理部・人事部・法務部を含むアドミニストレーション部門があり、そして製造販売会社として、日本だけに限らず米国・欧州・アジアに製造部門と販売部門があります。重ねて製薬会社として特徴的なのは、研究開発部門の充実です。日本・米国・欧州・アジアに研究所と臨床開発部門を設置しています。

これらのどの部門が数学をよく使っているでしょうか。おそらくすべての部門で数学の恩恵に与っていると思います。では、皆が数学そのものを扱っているかというと、逆に直接に数学を扱っているのは限られた部門だけかもしれません。それでも数学の恩恵も威力も大変高いものがあります。少しばかり当社の事例をご紹介いたしましょう。

［事業戦略部門］

事業を運営する要である事業戦略部門でも数学は活躍しています。企業が存続し成長していくためには、長期的なスパンで意思決定を行う必要があります。これらの意思決定は定性的分析だけではなく、定量的分析で裏付けていく必要があります。定性的な分析だけでは、明確性、具体性に欠け、予想、勘に止まってしまうからです。数学はここでも活躍しています。代表的な手法は「ディスカウンテッド・キャッシュ・フロー（ＤＣＦ）法」です。

これは事業が将来にわたって生み出すキャッシュフローを推計し、それを一定の率で割り引くことで算出します。通常、どの会社でも実施している手法ですが、より精緻化するために初期投資を差し引き、事業の各ステージでの成功確率を乗じる場合もあります。この手法があるからこそ、各事業の価値を知ることができ、他の事業と比較することも可能になります。最近、「モンテカルロ法」を使って新薬開発の成功確率を近似的に求める手法として使い始めています。

〔販売部門〕

販売部門は目標売上高等多くの「数字」を扱いますが、勿論「数学」とも係わり合いがあります。販売やマーケティングの計画策定の場面で、「二項分布」を始めとする数学を販売額・市場規模の予測を行う時に使用します。特に、市場ニーズがどこにあるのかを定量的に解析する時には推計統計学的な手法を含め数学の活躍の場は多くあります。

〔研究開発部門〕

製薬会社の存在の源泉である医薬品の研究開発の場面で、数学との関わりを見てみましょう。

数学者の名前が付いている稀な実験機器があります。「フーリエ変換近赤外分光光度計」という検出器です。この数学者の名前が付いている測定機器を扱っている研究所の研究者は、この数学のエキスパートであるのでしょうか？

フーリエ変換は、ジョゼフ・フーリエという数学者が熱方程式の解を扱う時に、現象を「調和解析」する目的で生み出した手法の一つです。この解析手法を含めた計算式をマイコン化し組み入れた近赤外線分光光度計を使うことにより、研究者は調和解析という数学を逐次意識することなく結果を手にしています。この時、実験者は化学合成した物質成分を測定することに集中しています。数学者フーリエが意図したことではなかったかもしれませんが、研究者が集中して研究に勤しむことを可能にした点で大きな功績があります。

最後に、化学物質が人間に対して何らかの効果をもたらすことを証明する、開発部門での数学の使われ方を見てみましょう。臨床試験を実施し、医薬品行政に対して医薬品製造販売承認申請に足る成績を入手するためには、生物統計学が欠かせません。

以上のように、製薬会社の様々な業務の場面で数学は活躍しています。具体的な事例でお話したように、直接的に数学に触ることは少ないかもしれません。「作業仮説を数学的に置き換える作業」と、「数学的考察から判断材料に置き換える作業」が存在していると考えています。この業務を数学に翻訳することにも、数学から業務に再翻訳することにも、数学の理解と業務の両方の理解が必要だと思っています。

3　数学的論理思考について

前章で業務における数学的手法の話をさせていただきましたが、これからは社長という立場での数学、社内での位置づけをお話させていただきます。それは方程式についてです。

$$aX^3 + bY^2 + cZ = 0$$

冒頭にも述べたように、社長の業務では、多様かつ多数の不確実な未経験の事象に直面したときに、社員はもとより多くのステークホルダーや社会のために、適切なタイミングで的確な判断と決断を下すことが求められます。この方程式の「解」は一つではないかもしれません。時代によっても、置かれている環境によっても「解」は変わってくると考えます。

日々の業務を遂行することで、無意識の中に、よく言われるように「連立方程式を解き明かしている気分」になることがあります。上記に挙げた方程式より遥かに変数の多い多元方程式で、定数と変数が何十何百と並んでいるようなこともあります。そうした時に、すべての変数を追い駆けかねる時もあります。

多数ある変数の幾つかをを自らの判断で一定の定数化を試みることも少なくありません。経験や支援を受ける多くの方からの示唆を基盤に変数を一定の範囲で収束させ、変数の固定化を進めます。このプロセスに論理思考が欠かせません。そうでなければ、適時に決断ができないからです。そうした意味では、「社長の数学」というのは一定の「変数」を、意図と覚悟を以って「定数」化することかもしれないと思います。

実際には、数学に勤しまれる方々ほどには数学を触るわけではないですが、数式を「触る」場面もあるということを理解いただければ幸いです。既に、ＥＲＰ（経営情報統合システム）他、経営の支えるシステムも進んできましたが、数学的に更にご支援願いたく思っているのは私だけではないと考えます。

4　最後に

最後に、リベラルアーツの話をさせてください。経営者にはリベラルアーツを修得することの大切さが指摘されています。それは、そもそもリベラルアーツが「人を自由にするための学問」として生れてきたことによると考えています。「リベラルアーツ」とは、「修辞学・文法学・弁証論理学・代数・幾何・天文・音楽」の3学4科で構成されていますが、その中の「弁証論理学・代数・幾何」こそ数学を構成する重要な3要素です。

他に依存することなく「自由人たる決断と責任」を求められる社長業には、数学的論理思考力が必要であることが今回考察していて改めて大切な要素として確認できました。これからも、今までにも増して、数学界の皆様との交歓も期待するものです。

数学的思考と経営ビジョン

日本電信電話 株式会社（NTT）

Company Profile

日本最大、世界でも屈指の総合情報通信企業グループの持株会社。国内外に625の子会社・関連会社と19万5,000名の従業員を擁する。1985年通信の自由化に伴い日本電信電話公社の民営化により設立。1999年に持株会社方式によるグループ経営へ移行。地域通信、長距離・国際通信、移動通信及びシステムインテグレーションを主な事業内容とし、2010年3月期の連結売上高は10兆1,814億円、連結営業利益は1兆1,177億円。

和田 紀夫

Norio Wada

1940年生まれ。1964年3月京都大学経済学部を卒業。同年4月に日本電信電話公社（現日本電信電話株式会社）に入社。1992年取締役就任以降、東北支社長、常務取締役グループ企業本部長など数々の要職を歴任の後、1999年7月には代表取締役副社長、2002年6月には代表取締役社長に就任。光アクセスとフルIPによる次世代ネットワーク（NGN）の構築を掲げた「NTTグループ中期経営戦略」を策定・公表し、現在のブロードバンド普及に貢献している。2007年6月より現職。また、2003年5月には社団法人日本経済団体連合会の副会長に就任し、2期4年間にわたり住宅政策や少子高齢化対策等を担当した。その他にも地方団体長会議長、関東経営者協会会長、東京経営者協会会長等を歴任するなど財界活動においても幅広い経験を持つ。

数学的思考と経営ビジョン

和田紀夫　日本電信電話株式会社 取締役会長

はじめに

膨大な時間を費やして苦手な数学という科目を学んできたその意味を、私は社会に出て初めて理解できるようになった。一握りの人は、数学者として数学の深化に専念するであろう。では残りの大多数の人にとって数学とは何なのか。

例えば皆さんの目の前に、赤いクレヨンと、赤い色鉛筆と、青いフェルトペンが1本ずつ並んでいて、「何本ですか?」と問われたら、なんと答えるだろう。幼い子どもに同じ問いをすると、多くの子どもは答えに窮するという。しかし、もう少し年を経ると、そのいずれもが筆記具であるという理屈をもって3本と答えたり、色に着目し赤が2本で青が1本と答えられるのだそうだ。ここに2つの重要な思考プロセスがある。1つ目は、目の前に並んだものを、形なのか、色なのか、用途なのか、いろいろな角度から分析するというプロセス。そして2つ目は、そこにある共通性を発見するというプロセス。私たちは、数字や図形を用いながら数学という科目でこういった思考プロセス、つまりいろいろな方向から物事をとらえ、最終的には目的に合った1つの真実をシンプルに表現する能力を身につけてきたのではないだろうか。

ひとたび社会に出れば、学校では学ばなかったような類の問題に直面し、面食らうことも少なくないだろう。私の経験からすれば、前述したような数学的思考が、その解決に大いに役に立つ。すなわち数学とは、問題に直面した際の対応力の幅を広げ、結論の納得性を高めるためのものである。例えば、教育とは掛け算であるという言い方がある。教える側と教わる側、そのどちらか一方のやる気が「0」であれば、双方がそれぞれに高い能力を持ち合わせていても、答えは「0」であり、教育としての体をなさない。同様に、人事管理あるいは人事配置の要諦を最もシンプルな数式で説明し尽くしているとも言える。このように数学は、一人ひとりにその人なりの哲学を築き上げるための手段とも言えるものではないかと考えるのである。このような観点から、私は既存の型にはまらない物の見方や考え方を教える基礎となる学問として数学教育を重視したい。

NTTの安心・安全を支えてきた数学

安心・安全な通信を実現しているのは数学そのものといっても過言ではない。通信にとっての

$$B = \frac{\frac{a^S}{S!}}{1 + \sum_{n=1}^{S} \frac{a^n}{n!}}$$

アーランB式
（B: 呼損率 , a: 呼量 , S: 回線数（本））

安心とは、いつでもつなぎたいときに、つなぎたい相手につながることである。しかし、そのためにはトラフィック（通信量）を予測し、適時、適切な設備投資を行うとともに、設備異常時の迂回ルートの設定などを自動的に行う必要がある。そのためにトラフィック理論と言う研究領域があるが、ここでは、そのトラフィック理論の核となるひとつの数式を紹介したい。

電話をかけたときにつながらない人がいる確率を呼損率という。ＮＴＴでは、この呼損率を10％未満にするという目標を持って、電話回線網を整備し続けてきた。その設備設計において重要な数式が、アーランＢ式と呼ばれるものである。ある数の利用者がいる場合に、呼損率を期待する値以下に抑えるためには、どれくらいの回線数が必要かを導き出してくれるのである。

この数式は実に１００年前にアーランというデンマーク人によって提案された。時代は移り21世紀に入った今も、非常に頑健にその役割を果たしている。それは、アーランＢ式が、非常にシンプルでありながらも、電話の呼損率をうまくモデル化しているからに他ならない。

我々の使命である公共性の高いインフラストラクチャーである電話網を

支え続けている1つの数式。そして、それを巧みに使いこなす数学的なセンスと、巨大な電話網に組み込む情熱をもち合わせた研究者。このコラボレーションが現在のわが社の礎であり、また数学を実学に昇華させた例である。

今は、電話の普及期は終わり、インターネット全盛の時代である。しかし、現在のインターネットはベストエフォート型が主体であり、混んでいるときは非常に遅い、あるいは繋がらないということが当たり前のように考えられている。しかしこれから望まれる事は、そのインターネット型通信に信頼と品質を保証するＮＧＮ（Next Generation Network）を構築することである。この様な環境下で改めてこのアーランＢ式の考え方の重要性が認識されるようになってきている。今は、ＩＣＴ（情報通信技術）に関する知識が豊富な一部の利用者が、ネットワークの帯域の大部分を使うことが可能である。そういった自由で制約の少ないというインターネットの魅力を活かしつつ、トラフィックの制御機能を持ち、ＩＣＴリテラシーの過不足に関係なく、必要なときは誰でも公平にネットワークサービスが享受できる環境を創り出すことができるとすれば、より豊かな社会の創造に大きく貢献できるだろう。

イノベーションに光を与える数学

数学的な考え方は、未来を切り開いて行くサービス創造にも重要な役割を果たしている。日本にあるいは世界に山積する社会的課題の解決に向けて、ＩＣＴを活用した革新的サービスの創出や新たな社会基盤の構築が期待されている。本章ではまず、新規ビジネスの立ち上げにおける数学的な考え方の重要性について考えてみたい。

新規ビジネスを立ち上げる上で重要な能力はいろいろある。ビジネスの種を見つけ出す嗅覚、先頭に立って切り開くチャレンジャー精神、手探りで進めてきたビジネスの中から法則性を見出して標準化する力などである。果たしてこの能力はどこで養われるのか、どういった人に備わるのか、そう考えた時、私はそのヒントは幾何学にあると思えるようになった。

紙の上にコンパスと定規で描く平面図形、球面のような立体図形、果てはイメージの中にのみ描き得る多次元で複雑な図形まで、幾何学はその中に潜む厳密性、意外性、そして美しさを表現してきた。先に述べたビジネス創造能力は、まさに幾何学的思考そのものから生まれるのではないかと思う。日常の業務は、一つ一つを見るとそれぞれが大なり小なり異なって独立に存在し、その場の判断や解決力が重要視されがちである。事業の初期段階であれば、なおさらであろう。しかし、それでは品質を安定させ世の中に役立つサービスやビジネスは作り得ない。そういった時に、人やデータの流れ・関連性を見つめ直し、「図形」としてイメージしてみるのである。図形化することによって今まで見えていなかったものが見えてきて、効率的で無理のないワークフローが美しい図形として出現する。つまり、業務をステップ・バイ・ステップのプロセスではなくエコシステム的に「図形」としてとらえることが、グローバル化した複雑系社会に発生する諸課題の解決にとって必須ではないだろうか。

ここで、現在取り組んでいる1つの研究事例について、お示ししたい。

サービス創造を支える基盤技術として、映像符号化技術がある。現在、ディジタルTV放送やDVDなどで広く利用されているMPEG2は、1995年にISO/IECで標準化をされたものであり、安田浩氏（当時NTT）の国際的視野に立った働きかけが大きな役割を果たした。

それから10有余年を経て、日々データトラフィックが増加する昨今、より高い圧縮性能をもつ符号化技術の研究が広く進められており、NTTもその一翼を担っている。現在の映像符号化は、大きく2つの技術で成り立っている。極めて単純化して言うと、ひとコマ（フレームと言う）の画像の中で濃淡の変化を波形と捉え、離散コサイン変換を用いて単純な波形の重ね合わせで表現する事によりデータ量を減らす技術と、あるフレームを符号化する際に、1つ前のフレームからの動きの情報だけを取り出すことによりデータ量を減らす技術である。これら今までの圧縮技術は、色や動きといった人間が認識できる物理現象を手がかりに、多くの先達が試行錯誤して作り上げてきた。その一方で、今ＮＴＴでは今までの手法の延長線上にない、全く違った究極の圧縮技術を探求する研究を行っている。この技術は、遺伝的プログラミングという手法を用い、計算を繰り返す事により、画像を符号化するための関数を、より圧縮率を高めるものに進化させることができる。いうなれば、この技術は、これまでの圧縮技術が全ての画像に対して平均的な圧縮性能を示す、いわゆる既製服型であったのに対し、全ての画像にオール満点の性能を示す、完全にオーダーメイド型を目指している。

だが、違った角度からこれを見ると、この研究は、単に画像の高圧縮に留まらない成果が期待されている。この技術で導き出された符号化関数は人間が知覚している物体そのものを表した数式であることから、人間が色や形、ひいては物体を認識する仕組みを明らかにする可能性を秘めている。人の知覚認識を基にすることを排除することから始めた研究が、巡って人間の認知メカニズムの解明に役立つかもしれない。正にエコシステム的、幾何学的神秘性を感じざるを得ない。本来画像や映像を圧縮するために始めたこの研究が、今後我々にどのような知見と転回をもたらしてくれるのか。取り組みは緒に付いたばかりだが、興味は尽きない。

数学から企業経営へ

私がNTT社長だった2004年、光回線の普及拡大とNGNの構築と、そこから生れるサービスの提供を柱とした中期経営戦略を発表した。当時、私がその実現のために推し進めた光への積極的投資は、世界中の同業者、投資家等関係者からはクレイジーだと言われていた。しかし私には、光の普及によるブロードバンド通信の進展が、必ずや産業革命に匹敵するほどのパラダイムシフトをもたらすという「信念」があった。しかし巨大な企業を率いるリーダーとして、重大な決断を下さなければならない場合、苦悩の中で決意が崩れそうになることもある。

明治維新に大きな影響を与えた松下村塾を率いた吉田松陰先生が刑死になる2日前から書き始めた塾生への遺言書とも言われる「留魂録」がある。その中で先生は、「志しを立てて もって万事の源となす。」と言っておられる。これは、何をなすべきかを自らに問うて、どのようにこれを設定するか（志を立てるか）で、すべてが決まるということであろう。このことは不連続的変化の激しい今日、一番難しいことではあるが、それだけにリーダーとしてなすべき一番大事なことであると考えている。

　私は、この松陰先生の強い意志に裏打ちされた言葉に幾度となく勇気付けられた。あの決断の時から6年が経った今日のブロードバンドの普及とインターネットの隆盛を見るにつけ、私の考えと行動は間違っていなかったと安堵しているところである。

　本稿の前段では、まず我が社の様々な分野で、数学や数学的思考が重要な役割を果たし、事業の持続的発展のために極めて重要な位置にあることを紹介した。そして最後に企業経営においては、向かうべきビジョンを描きそれを支える強い意志の力が必要であることを述べた。事業の大小や業種の別なく、この2つが両輪となってこそ、新しい時代を切り拓く大きな原動力たり得るということを、本稿における私からのメッセージとしたい。

金融における数学の役割

リスクに関する応用数学

野村ホールディングス

Company Profile

1925 年大阪野村銀行の証券部が分離し、野村證券株式会社として設立。2001 年持株会社体制に移行し、ニューヨーク証券取引所に上場。2008 年リーマン・ブラザーズのアジア・太平洋地域ならびに欧州・中東地域のビジネスを承継して海外展開を加速し、野村證券をグループの中核会社として 30 を超える国と地域で金融総合サービスを提供している。国内の圧倒的なシェアに加えて、ロンドン証券取引所の顧客売買取次ぎシェア 1 位など、海外でもトップクラスの投資銀行の地位を固めつつある。

渡部 賢一
Kenichi Watanabe

兵庫県神戸市出身。1975 年神戸大学経済学部を卒業し、野村證券に入社。海外業務企画部長、主計部長等を経て 1998 年に財務兼審査本部担当取締役となる。2006 年野村證券執行役副社長、国内営業部門 CEO に就任。08 年 4 月野村ホールディングス執行役社長兼 CEO に就任。2008 年 10 月リーマン・ブラザーズのアジア・パシフィックならびに欧州・中東ビジネス承継を決断。「変化、ワールドクラス、スピード」を掲げ、世界トップクラスの投資銀行の地位を不動のものとするべく、2 万 7,000 人を超える社員を擁する野村グループの指揮を執る。

金融における数学の役割

リスクに関する応用数学

渡部賢一　野村ホールディングス株式会社 執行役社長兼CEO

かつて江戸時代の大阪堂島の米市場では、既に先物等が取引されていた。19世紀末の欧州で取引された類似の金融取引を百年以上も先行しており、昔の日本は非常に革新的だったことが判る。とはいえ、理論武装して本格的にデリバティブを扱うようになったのは、1970年代以降の欧米が中心であり、複雑なデリバティブや金融商品の歴史は過去20～30年——この時期、「金融工学」は目覚ましい発達を遂げてきた。数学を用いるという点では、「数理ファイナンス（Mathematical Finance）」という呼称が今日では相応しいかもしれないが、この数学の応用なくしては（法整備などインフラの発展も当然に必要だが）金融の高度化もグローバル化もありえなかった。

特に、デリバティブに関連した金融商品の分析では、数学は必須のアイテムであり、最たる例が確率論の応用である。伊藤清博士の確立した確率微分や確率積分——「伊藤解析（Itō Calculus）」は、いわば確率論に於けるニュートンの微積分学に匹敵する理論である。なかでも特に、

「伊藤の補題（伊藤公式）」と「伊藤表現定理」は、金融の分野で大変に役立っており、世界中の研究者と実務家がこれらの定理を常時使用していると言って差し支えない。[1]

デリバティブは、特定のリスクを持つ参照指標に関連した将来キャッシュフローの合成と分解をもたらし、有効なリスク移転のツールとして機能する。株価や金利、為替などのリスクについて、リスクヘッジをしたい者とエクスポージャーをとりたい者の間でデリバティブ取引をすれば、効果的なリスク移転が可能となる。デリバティブを利用すれば、レバレッジ[2]を可変にでき、つまり自己資本の何倍ものエクスポージャーをとることが可能になる。

しかし、（アメリカで）未曾有の危機が起こった１９９８年時点におけるＬＴＣＭや近年における有数の投資銀行では、レバレッジが常時30倍以上という状態であったため、金融危機での信用収縮時には資本バッファーが不足しがちとなった。つまり、金融機関としては、資金調達や時

1 野村グループでは、国内外の大学に寄附講座や研究部門を置き、社会に貢献している。２００７年には、伊藤清博士のガウス賞受賞を記念して、京都大学数理解析研究所及び京都大学経済研究所を跨いだ「伊藤清博士ガウス賞受賞記念（野村グループ）寄附研究部門」を設立した（２００７〜２０１０年）。海外では、オックスフォード大学にも野村の数理ファイナンス寄付研究部門を設置している。

2 レバレッジは自己資本比率の逆数を意味し、梃の原理を用いて投資効率を拡大すること。負債で資金調達して、株式の何倍もの資産を持つことができ、（信用リスクを考慮しなければ）期待ＲＯＥ（株主資本利益率）が高まる。

価評価に伴う損益とリスク量、必要自己資本を精緻に計算し、要因分解を行い、投資効率性（単位リスク当たりの期待超過リターン）を計算してリスク資本の効率的な配分を図ることが重要な経営課題となる。近年はリスク管理の高度化が一層求められているが、それは単にＶａＲ（バリュー・アット・リスク）[3]やグリークス[4]やクレジット・エクスポージャー[5]を計算すればよいということではない。

デリバティブについて再びふれておくと、前世紀末から、様々な形でエキゾティックな（複雑な経路依存性を有する）デリバティブが次々と考案され、価格付けの数値計算には数理の力が役立ってきた。ヨーロピアン・オプションのような標準物（プレーンバニラ）でも、行使価格や満期が異なるとインプライド・ボラティリティも変化するマーケット（金融市場）に変貌し（これをボラティリティ・スキュー／スマイルという）、ブラック・ショールズ・モデルのレベル以上の高度な評価モデルの開発競争に突入した。新たに、クレジット（信用）を原資産（参照指標）

3　Value at Risk とは、一定の期間で一定の信頼区間において期待される最大損失額。必要自己資本の水準を決める上で、実務的に用いられている。
4　金融商品価格の、原資産価格やパラメータについての感応度（偏微分）をグリークス (greeks) という。
5　借り手や取引相手などの信用（クレジット）リスクにどれだけ晒されているかを表す金額。

とするクレジット・デリバティブ——CDSやCDO等が出現し、急速に市場規模が拡大したが、サブプライム・ショック以降、CDOなどの証券化商品の抱える様々な問題が顕在化した。その一例が、デファクト・スタンダードとして評価に広く用いられている「正規コピュラ・モデル」である（前提条件がいささか現実離れしているが）。

この金融危機で、「大数の法則」に基づいたリスク分散は無条件で成立するものではない——これは前々から判っていた事実だが、信用収縮に端を発する金融危機で改めて再認識する結果となった。勿論、コピュラ・モデルの正否よりも先に、証券化商品の組成や販売の仕方に多大に複合的な問題があった。つまり、利益相反や詐欺的なモラルハザードなどを引き起こし、また、あまりにも不動産価格の右肩上がりを前提とし、無闇にリスク分散を標榜して信用リスクに向き合わないなど、市場参加者全体（及び、政策当局、監督官庁、格付機関、住宅ローンの借り手）の問題というべきものがあった。

数学は抽象化のために、様々な要件を捨象し理想化した前提で、シンプルで美しい結論を導くものであるが、しかし、現実はもっと複雑で込み入っており、離散的であったり、近似の意味でしか成り立たない場合も多い。評価モデルの前提がマーケットと乖離するリスク（モデル・リスク）

や、用いるべきモデル・パラメータの信頼性（パラメータ・リスク）の問題もある。

言うまでもなく、金融にとって数学はあくまでツールの一つに過ぎず、ファンダメンタルな分析をせずに形式的に数学を応用するだけでは、無益なだけでなく危険な結果を導きかねない。たとえば、クオンツと呼ばれる数理分析の専門家は、ともすれば形式的な数学による分析に汲々としており、原資産や金融市場、実体経済の分析が疎かになりがちである。投資家は現実の確率（実測度）でしか見ないが、デリバティブのトレーダーやクオンツはリスク中立確率（リスク中立測度）でしか見ていない——原則、時価評価はリスク中立確率でリスク値は現実の確率で計測する、ということを混同している可能性もある（もっとも、この二元論では本当は足りない）。

新古典派経済学の考え方では、将来の合理的期待形成が現時点での市場価格を定めるので、市場価格に全ての情報が織り込まれている。デリバティブについての金融数理も似たような着想であり、価格付け（プライシング）では、無裁定[6]に基づくマーケットの評価測度（リスク中立測度）の下での計算となるが、リスクを考えるとき、それでは済まされなくなる。実際、原資産の価格推移は現実の確率の下でのみ事後的に観測される。リスク計測では現実の確率での分布が重要に

6 無裁定とは、リスクをとらずして確実な正の超過収益を得られないということ。

なる。

そもそも、リスクの定義は自明ではなく、リスク推計をどのようにすべきかが大きな問題である。将来起きるべきシナリオをシミュレートするにはたくさんのサンプルパスが必要であるが、現実の価格推移は想定されるサンプルパスの一つが具現化しただけに過ぎない。過去の投資運用成績が良かったとしても、技量によるのか偶然なのか判別しにくい。これはリスクの把握が容易でないことも暗示している。(タレブ著の)「ブラック・スワン　不確実性とリスクの本質」の様に、今まで見たことがなくともあり得るリスクを想定することは困難である。

先般の金融危機の教訓として、市場でまともな値段で売れなくなる「流動性枯渇のリスク」と「伝染的に高まる相関リスク」に晒され、通常の評価モデルでは捨象していたリスク要因が想定以上に大きくなることが判り、リスク管理についての再考が求められている。世界的に、過去10年間の金融市場はかなりデリバティブに偏重したマーケットであり、適切なリスク管理を怠っていたとも言える。

近年は、いささか旗色の悪い新古典派経済学に対抗して、「経済物理学」や「行動経済学」という新しい分野が台頭してきた。「経済物理学」は保険数理、極値理論あるいは統計物理を用い、

日経平均リターン（日次変化率）の分布

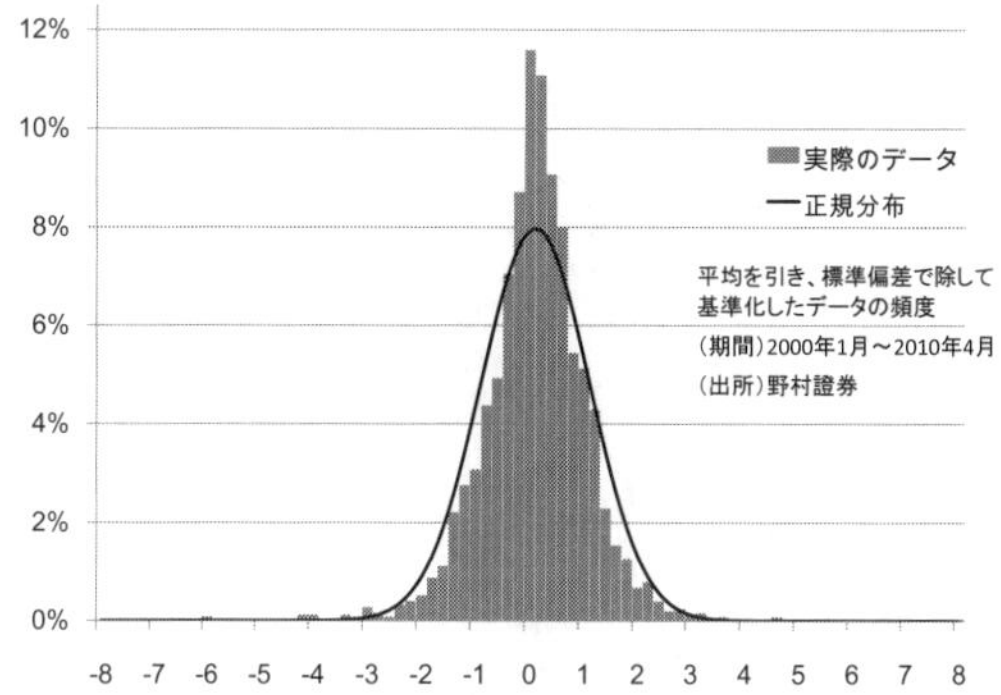

理想化された原資産の確率過程に頼らない統計的な推定についての学問である。多くの金融資産のリターン（収益率）は正規分布に従わない、というのは経験的な事実であり、ファットテール（正規分布より裾が厚い）分布に従う。[7] ブラウン運動で記述される拡散過程だけでなく、短期的には資産価格がジャンプするリスク（デフォルトや暴落・暴騰）も考慮に入れなくてはならない。市場で取引可能な資産ではない——実物投資とかＣＡＴ債とか保険とか、あるいは低流動性の資産の場合、リスク管理はより保守的にすべきである。

一方、「行動経済学（behavioral finance）」は行動心理学から派生した学問で、効用関数の最適化（新古典派の枠組で）

7　但し、こうした事実は経済物理学以前から知られているものであって、安定分布とかなんらかの法則が支配的に効き、物理定数のように一定のパラメータが存在する、という仮説はいささか根拠に乏しいと思われる。

の意味での経済合理性は、元々人間は持ち合わせておらず、直観や感情で物事を判断する、と説く。実際、人間は推移律に反するような不整合な推論をしがちなものである。しかし、行動経済学は現象論に近く、経済合理性を説くものではないため、数学的なアプローチは未熟な段階であり、金融というよりむしろマーケティングに取り入れられている。近年はいろいろな経済学者も参画しており、数学を用いて、今後、新古典派との融合が図られるかもしれない。

ただ、どちらにしても今のところは、リスク管理では心得程度に過ぎない。一方、昔ながらのＶａＲもそうだが、過去データを用いた統計分析によって推計したリスク値の妥当性には、市場は定常ではないかもしれず、留保条件が付く。新古典派での議論の前提となる効率的市場は幻に過ぎず、実際のマーケットでは非効率性が安定的に表れたり（アノマリー）、パラダイム・シフトなど急激な構造変化が度々起きる。

しかし、いずれにせよ、金融機関のリスク管理の高度化は避けて通れない。デリバティブなど金融商品のみならず、市場と原資産についてのより詳細な分析も重要である。そのためには十分なリソースと、数学（数理）と実務の双方に長けている人材が、共に不可欠である。

数学は企業文化の原点

堀場製作所

Company Profile

京都市に本社を置く分析機器メーカー。堀場雅夫（現最高顧問）によって 1945 年に創業された、日本における学生ベンチャーの草分け的存在。90 年代以降は M&A を推進し、世界シェアトップのエンジン排ガス測定装置を中心に、自動車・分析・医用・半導体の 4 事業でグローバルにビジネスを展開している。フランス、ドイツ、アメリカ、イギリス、オーストリア、韓国などに海外拠点があり、約 5,000 人のグループ従業員のうち 55%は外国人である。2009 年の売上高は 1,045 億円。

堀場 厚
Atsushi Horiba

1948 年京都市生まれ。1977 年米国カリフォルニア大学大学院工学部電子工学科修了。1972 年堀場製作所に入社し、海外本部長、取締役営業本部長、専務取締役生産本部長などを経て 1992 年 1 月代表取締役社長に就任。2005 年 6 月代表取締役会長兼社長となり、現在にいたる。1998 年フランス共和国国家功労章オフィシエ受章、2010 年フランス共和国レジオン・ドヌール勲章シュヴァリエ受章。日本分析機器工業会会長、米国カリフォルニア大学アーバイン校ボードオブアドバイザ委員他。

数学は企業文化の原点

堀場厚　堀場製作所 代表取締役会長兼社長

堀場製作所は学生ベンチャーからの出発

堀場無線研究所は1945年10月、堀場雅夫（現最高顧問）により、日本における学生ベンチャー第1号として創業されました。その後、1953年に株式会社堀場製作所として設立されました。堀場製作所の最初の製品はpHメータで、水溶液の酸性・アルカリ性を測る装置です。その製品は主要商品の一つとして、今でも会社を支えています。今日では、半導体生産に欠かせない制御ユニットや検査装置、自動車やそのエンジン開発に欠かせない試験装置やガス検査装置、医療分野では血液検査装置、そして環境保全に貢献する大気測定装置、さらに次世代の産業創成に欠かせない先端研究で使われる分析装置の開発・生産・販売をおこなっています。その売り上げは約1100億円で、多くの製品が産業の生産や開発活動に不可欠なものです。F1エンジンの開発から最先端のナノテク材料開発や生産に役立っています。

堀場製作所は創業以来65年京都を拠点にして、全世界に広がった40数社のグループ企業と約5000名の従業員とともにビジネスをオペレートしています。当社が本社をおく京都は1200年前に都がおかれて以来日本文化の中心です。京都の文化のポイントの第一は本物主義です。インターネットや情報網の発達で、世界中から色々な情報が瞬時に入ってくる時代ですが、京都では物事の本質を見極めることが大切という価値観があります。そこではさまざまな表現、事象の本質を単純化したり見方を変えたりして、本物を見極めることを大切にしています。規模の追求ではなく、中身で勝負しようという土地柄でもあります。そのような本質を見極める京都の風土が、日本のノーベル賞受賞者の数理に基づいた物理学・化学の業績を多く生んでいるともいえるのではないでしょうか。

製品は数学に基礎をおく

当社で開発・販売している計測機器は、化学的、物理的相互作用を利用して、大気、水質、固相など多様な形態での物質の状態を測る装置です。したがって、従業員から経営層まで理科系のバックグラウンドを持つものが多く、高校・大学で受けた教育には必ず数学が含まれています。

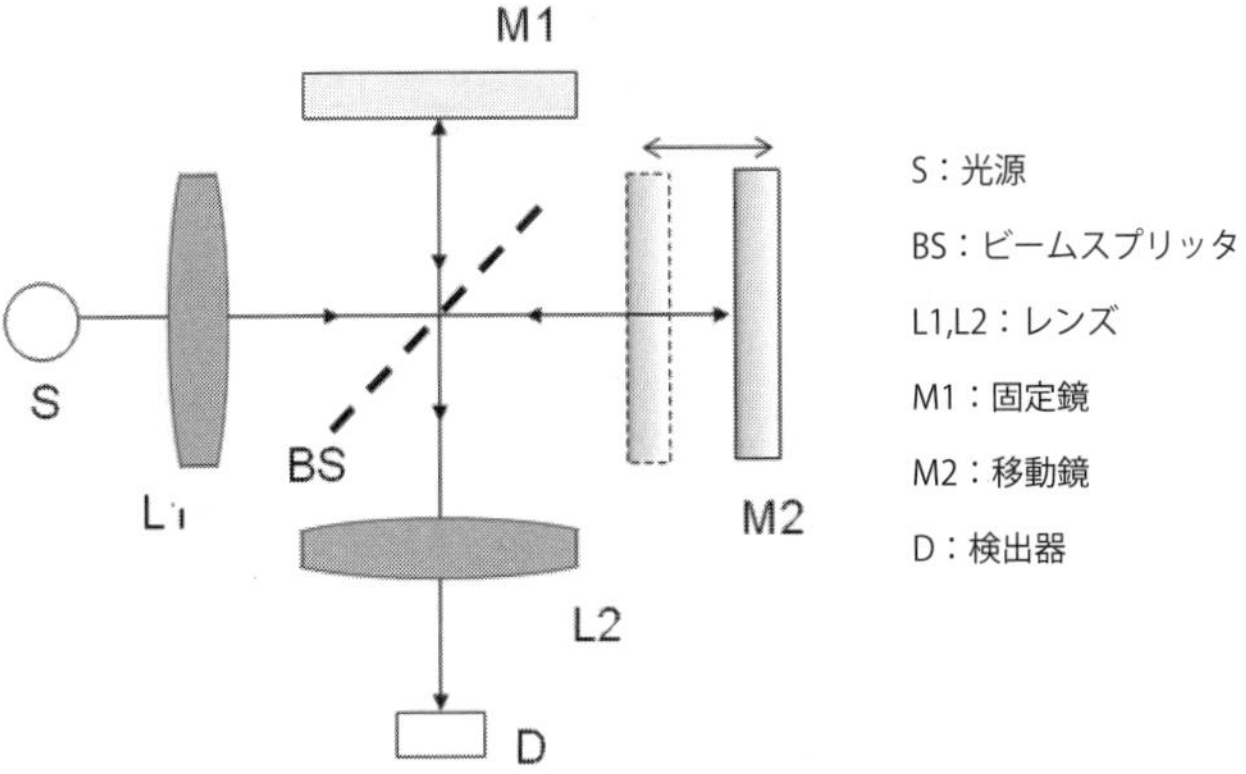

図１　マイケルソン干渉計の原理図

計測機器の開発・設計には数学的要素が多くあることはもちろん、数学そのものを利用して装置化されているものもあります。

当社の第一号製品であるpHメータは電気化学に基礎をおく製品ですが、数式化された水素イオン濃度を計測しています。また、主力製品のガス分析装置は電磁波である赤外線の吸収を測定しています。また近年ではレーザによるガス吸収の開発にも力を入れていきます。ここでは量子化学に基づいて解析されるガスの吸収スペクトルにあわせたレーザ光を照射し、そのスペクトル変化から濃度を求めています。

他にフーリエ変換をつかった分光装置もあり、数学そのものを利用した製品といえます。分光の分野ではこれをフーリエ分光法と呼び、光の利用効率が高く高

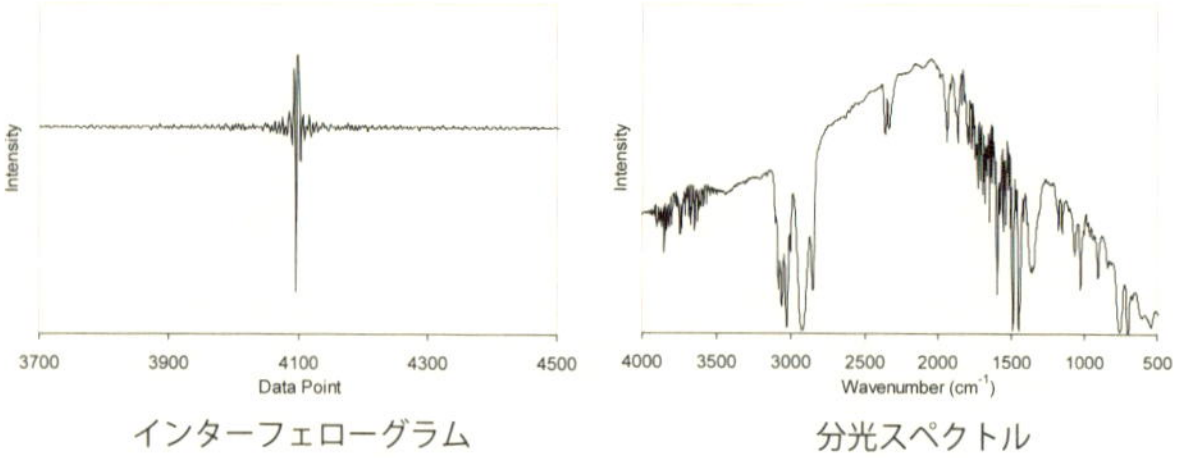

FT

$$f(t) = \int g(\nu)\cdot \exp(i2\pi\nu t)d\nu \qquad g(\nu) = \int f(t)\cdot \exp(-i2\pi\nu t)dt$$

IFT

図2　インターフェログラムと分光スペクトルの関係

感度・高速で物質の吸収スペクトルを測定できます。光は波として表され干渉する性質があります。そこで図1にあるように、光源からの光を二つに分岐し、再び一つに重ねると干渉します。これをマイケルソン干渉計と呼びます。このとき分岐した一方の鏡を一定速度で動かすと、分岐した二つの光に光路差が生じ、単一波長の光では正弦波で表される干渉波が検出されます。いろいろな波長の混じった白色光では、光路差がゼロのとき強く干渉し、光路差が長くなるにつれて弱くなります。これをインターフェログラムと呼びます（図2）。しかし、このシンターフェログラムと呼ばれる信号は多くの波長の光の干渉波形が重なったものなので、これをフーリエ変換して周波数分析することで、各波長の強度分布が得られ、これがスペクトルとなります。

他にも光学素子自体でフーリエ変換する方法があり、その素子を回折格子と呼びフランスにあるHORIBA Jobin-Yvonで製作しています。この素子には表面に細かい溝が平行に刻まれており、その溝で回折した光が特定の角度で干渉して強くなります。その光をレンズで結像すると焦点面にスペクトルを結像します。これは光を空間的にフーリエ変換していることになります。

この二つの例は、数学で表される物理現象を数式にしたがって装置化した例です。

本物を見極める

自然現象を表すとき、私たち人間は物理・化学は勿論、生物学ですら数式を用いて本質を単純化することで現象を直感的にかつ本質的に表現してきました。ここに京都文化の「本質を見る」、「本物を見極める」ことと数学的な表現法が奇妙な一致を見るように思われます。

このような製品を開発・設計する社員がサイエンスのバックグラウンドをもつのはもちろんですが、営業、管理部門にも同様のバックグラウンドをもつ社員が多く配置されています。製品の顧客はサイエンスやエンジニアリングの分野なので、販売にそうした素養を持つ人が必要なのは当然です。生産や管理部門にも数学の素養のある人が配置されており、問題の本質を見出すという視点で担当業務にあたっています。文系の社員も自然と同じような考え方を身につけています。

堀場製作所の技術は積み重ねたノウハウの固まりのようなもので、技術グループの「人間の鎖=チェーン」が結果的に企業の価値になります。われわれは創業時から「測る」技術の幅をどんどん広げ、会社の中に知恵を張り巡らせた技術チェーンが網目のように組まれています。チェーンといえば、ここ20年を振り返っても、京都の上場会社はほとんどバブル経済に左右されませんでした。これは業界を超えた京都のネットワークが、本物の情報しか回さない風土があるからです。当社でも「もうかるぞ」という外部の声があったとしても、社内の技術・販売・経営のネットワークを最大限に利用して真偽を見極め、本物の情報だけが残っていきます。

コミュニケーション

HORIBAグループ約5000人の従業員のうち、約3000人は日本語以外の言語を話します。特にフランス人が多く1000人、つぎがドイツ人とアメリカ人で700人ずつです。ついで英国に150人、中国に200人、韓国も含め、世界の27か国に「ホリバリアン」がいます。わたしたちは社員のことを、経営者も含めてそう呼びます。

グローバル企業とよばれる日本の企業では、製品の開発・設計を日本でおこない、海外で販売することが多く見うけられます。ＨＯＲＩＢＡグループではフランス、ドイツ、アメリカに開発拠点があり、イギリスやオーストリア、韓国などでは現地の状況に製品を適合させるよう独自に改良や開発をしています。売上では日本の市場が3割で、後の7割が海外です。海外のお客様をどうとらえるかが競争力を維持し、高めていくための大きなポイントです。

当社の技術ネットワークは、コミュニケーションをベースにできています。そのなかで、従業員と経営者とのコミュニケーションは特に重要です。国内のＨＯＲＩＢＡグループにおいては、毎月その月の誕生者にあたる社員１００人ぐらいを京都に集めて誕生会をします。仕事が終わったあとの立食パーティです。関東では3か月に1回まとめて開催しています。このパーティでユニークなのは管理職が招待されないことです。新入社員からベテランの社員までを対象に、最近の会社でのできごとや決算、ＩＲのことなどを私から話した後、役員と歓談します。

１９９６年と１９９７年に二つのフランスの会社、２００５年にドイツの会社の事業を買収しました。買収の結果6割が外国人従業員となりましたが、それでもなお全体として、堀場グループの企業文化を維持しています。これは強みです。１９９１年に滋賀県高島市に約50人の収容力をもつ研修所をつくりました。研修が主な目的であることはもちろんですが、研修の後、自然の火を囲みながらお酒を酌み交わしたり談笑することができる場所を用意しました。お酒はフリードリンク制、消灯時間もありません。この研修所で年に2回、国内外のトップマネージメント数十人が集まりフェイス・トゥ・フェイスの幹部会議をします。自動車、半導体、医用、環境、理科学と異なる分野、異なる国から集まって事業計画について議論しますが、その最大の効果は、一宿一飯をともにしてホリバリアン同士の絆が強まることにあります。２００９年には3倍に拡張し、１２０人が一度に研修や会議を行えるようになりました。施設もペンション風からリゾートホテル風にランクアップしたのです。

堀場製作所の経営層には４人の外国人執行役員がいます。彼らの内3人はＨＯＲＩＢＡグループに加わって10年以上たちます。１万キロも離れた会社の外国人トップに常に細かな指示をして経営することはできません。本社の価値観をどう伝えるかが、マネジメントで大切なところです。ちなみに、４人の内２人は博士号をもっています。１人はフランスの役員で、サイエンスの博士号、あと1人はインテルで副社長まで務めた人で、エンジニアリングの博士号を持ち、グローバルな視野でマネジメントに参画してくれています。

「人財」はグループを支える「見えない資産」

ＨＯＲＩＢＡグループも企業体として大きくなっていますが、大企業病に陥らないように、「偉大な中堅企業」を目指しています。会社はあくまでも人間の知恵でできているので、そのことを大切にしています。ＨＯＲＩＢＡグループでは人材を「人財」と呼びます。技術者は数理に基づいて仕事をする、一見冷たいイメージですが、一つのことにこだわりをもち一途、という人間味があってこそ熱意をもって仕事ができます。この技術屋のマインドを理解してマネージしていく術が、企業の財産でありノウハウです。

私は、日本の大学で物理を学んだ後、カリフォルニア大学工学部電気工学科の3年に編入しました。そのとき、言葉では大変苦労しましたが、大学で学んだ数学が役立ちました。数学には言葉の壁がありません。大学卒業後、海外赴任第1号のサービスマンとして、故障した自社製品の山に取り組みました。本社（京都）に報告しても開発者からは「そんなトラブルは日本では起こっていない」との返事。このとき「防人の苦しみ」を味わい、「前線を意識しないオペレーションでは行き詰まる」と危機感をもちました。この経験からわたしは敢えて「アンチ本社」になりました。結果的には最前線重視の精神がグローバルカンパニーを支えています。

大企業では電気は電気、物理は物理と専門ごとに担当が分かれがちですが、ＨＯＲＩＢＡグループではひとりで電気も物理も化学もソフトウェアも理解できる技術者を育てています。製品モデルの数は、現在では１０００を超え、グループ会社も入れるとかなりの数です。それを５０００人の社員で開発からアフターサービスまで手がけるとなると、１人が多機能化・多能工化して対応しなければなりません。ここでも数理的な考え方に助けられていると思います。ですから社内教育には大きな手間暇をかけています。「技術のメッシュ＝鎖」を担う人財を育てるためにいろんな階層と分野で研修や教育をおこないます。ホリバ・カレッジという２６０クラスから成る体系的で部署を超えた研修プログラムも創設して、人財力を強化することで製品力や組織力の向上につないでいます。また、グローバルな見方を育てるため、毎年国内のグループ会社から10人を海外のグループ会社に１年間派遣しています。選別は語学力ではなく、何をしたいかによって選びます。すでに従業員の１割がこの制度で、外国の文化や考え方に触れた経験があります。つまり、社内のどの部署にも最低１人は海外経験者がおり、英語での対応ができます。

会社では１人のタレントだけがいてもうまくいきません。たとえひとりひとりがスーパーマンでなくても、ステンドグラスのように組み合わさり、光をあてると美しくなるように、また、

インターナショナルな社内セミナー風景

ＨＯＲＩＢＡがスーパードリームチームになるように努力しています。

ＨＯＲＩＢＡ・グループ・イズ・ワンカンパニー

１９４５年に興った「堀場無線研究所」から65年、売上げも１０００億円以上になり、グループ従業員も６割は外国人です。海外にも開発拠点があり、経営はそれぞれローカルの国籍の人が担当していますが、創業当初からのベンチャー精神は受け継がれています。これは私達の「おもしろおかしく（英語ではJoy and Fun）」という社是に、象徴的に表れています。この言葉には「人生のもっとも活動的な時期を費やす仕事に、プライドとチャレンジ精神で臨んでほしい」という願いを込めています。当社のような開発型の企業では、社員が仕事にやりがいをもってこそ製品に付加価値が生まれます。

「おもしろおかしく」の精神は、海外のグループ会社にも浸透してきました。民族も文化も違えば、ビジネスの分野もさまざまです。それを〝ＨＯＲＩＢＡ〟ブランドとして一本化していくには「求心力」が必要です。それが企業価値につながり企業文化になります。当社の製品はサイエンス（数理）に基づいていて、経営層や管理職をはじめ、従業員の多くがそうしたバックグラウンドをもっています。ちなみに、日本では約30人、海外では約80人が博士号をもっています。また、外国人を含めてグローバルで10人ぐらいのトップリーダが実質的にグループを動かしていますが、その多くが技術屋をベースにした経営者です。

ＨＯＲＩＢＡグループの経営者はトライ・アンド・エラーを通して実践の経営戦略を学んでいます。理系なので当然のように実験をして、そのデータからつぎの展開を図っていくことができます。数理計算で自然科学や社会のことを説明することをシミュレーションと呼びますが、実際にやってみると違うことがたくさんあります。そこから、失敗を学んで改良し、シミュレーション自体がより現実に近づいていきます。

「おもしろおかしく」の精神をベースにして、日本・フランスあるいはドイツ・アメリカの開発者が国際的に連携して〝ＨＯＲＩＢＡ〟というブランドの製品の競争力を押し上げています。ＨＯＲＩＢＡグループの製品には世界一のシェアのものがたくさんあります。自動車産業向け、医療分野、環境計測や先端研究に使う分析機器、半導体製造の分野にわたっています。これらの製品がなければ自動車開発がストップしますし、世界中で半導体製造が止まります。これは私たちの社会的責任であり誇りでもあります。そして、その製品を世界中の〝ＨＯＲＩＢＡ〟の技術者たちが支えています。

「ＨＯＲＩＢＡ・グループ・イズ・ワンカンパニー」は、一つの価値観、企業文化に基づいてビジネスをおこなうことですが、それぞれのリージョン（地域）の特徴も尊重しています。環境計測のひとつをとっても、日本と欧州ではレギュレーションが細かい点で異なります。しかし技術者やトップマネジメントは、その地域間の違いをのり越え、ひとつの企業文化と数理をベースにつながります。もう一つ大切なことは、お互いが自分の文化に誇りをもち、またお互いに相手のことを学ぶことで、一つの強固なチームができることです。その意味で長い歴史と多くの文化的多様性を持つ京都に本社があることは幸運です。

経営の革新に貢献する数学

旭化成

Company Profile

旭化成の創業は、1923 年に宮崎県延岡市で日本初のアンモニアの化学合成に成功したことに端を発し、化学肥料、火薬、再生セルロース繊維「ベンベルグ」などを製造。60 年代には岡山県水島地区にエチレンセンターを建設して石油化学産業に進出した。70 年代には「へーベルハウス」を発売し、住宅事業に本格参入。80 年代にはエレクトロニクス、医薬・医療などの分野を手がけ、日本を代表する総合化学企業となる。2003 年には、事業が環境変化に迅速に対応できる体制を徹底するために「分社・持株会社制」に移行した。

蛭田 史郎
Shiro Hiruta

1941 年福島県生まれ。1964 年横浜国立大学工学部を卒業し、旭化成工業（現旭化成）入社。レオナ工場長、エレクトロニクス事業部門長など技術畑を歩む。1997 年取締役となり、その後常務、専務、副社長を経て 2003 年社長に就任。2010 年 3 月社長を退任し、現在は最高顧問。座右の銘は、老子の「無為自然」。物事を「あるがまま」に受け入れ、対応するという意。何事に対しても先入観を持たず、多面的・長期的・根本的に物事を見ることで自らを戒める。30 歳を過ぎた頃からマラソンを始め、平均して月 180 キロを走る。フルマラソンにも 3 回出場している。

経営の革新に貢献する数学

蛭田史郎　旭化成 最高顧問

近年の事業活動においては、数学的思考や数学的手法が極めて重要になってきている。これは、事業活動を世界的規模で行う必要が出てきた結果、様々な価値観や様々な判断基準を持った人たちとの情報交換が不可欠になったことが大きく影響している。

具体的には、

(1) 経営判断や戦略実行の根拠を周知させたり、事業提携の話を詰めたりするときに、客観性や定量性が今まで以上に不可欠、重要になってきている。

(2) 具体的な課題の解決に際しても、変化のスピードが速くなり、他社との競合関係もこれまでより激しくなってきているので、今まで以上にスピードある対応が求められるようになった。

従来から当社の場合も、経営判断の尺度としてROA[1]やROE[2]、D/Eレシオ[3]などが使われており、さらに投資判断には、ROI[4]やサルベージ・バリュー[5]を含めたキャッシュフローなどが頻繁に使われ、経営判断の根拠を定量化してきた。

しかし、これらの尺度は、経営判断を最終的に下す際の適否判定の指標としては非常に有効な尺度であるが、戦略を実行していく上での内容を判断する指標としては、必ずしも有効ではない部分があると考える。

最近は、個々の事業そのものの方向性や個々の製品の優劣、業界の世界的な位置づけの判断などをする際、できるだけ事業を細分化したうえで定量化を行い、戦略を立案し、そして実行することが重要になってきている。

1 (Return On Assets)=総資産利益率。企業の収益効率を判定する指標として、企業の総資産が利益獲得のためにどれだけ有効活用されているかを表す財務指標。
2 (Return On Equity)=株主資本利益率。企業の収益性を測る指標。企業の株主資本に対する当期純利益の割合。
3 (Debt Equity Ratio)=負債資本倍率。企業の財務の健全性(安全性)を判定する指標として、負債が株主資本の何倍に当たるかを示す数値。
4 (Return On Investment)=投下資本利益率投下した資本がどれだけの利益を生んでいるのかを測る際に使われる指標。企業の収益力や事業における投下資本の運用効率を示す。
5 (Salvage Value)=残存価値。例えば、減価償却などによる費用化の処理後に、現存物を売却した時に得られると推定される価値のことなど。

数学的思考による戦略修正の例

事業の実態を定量化した結果、事業そのものを継続しながらその戦略は大きく変更する場合も出てくる。当社の2例について紹介する。

1. 機能性樹脂（エンジニアリングプラスチック）事業の戦略変更

ある機能性樹脂事業は、金属使用部分の代替材としての樹脂化という時代の波に乗り、約10年にわたり高収益事業として続いていたが、1990年当時、徐々に収益が悪化してきていた。収益悪化の要因は、当初、主力用途分野で他の種類の樹脂が使われることにより、販売量が減ってきたことによると判断し、この樹脂に対抗するため、より機能を充実させた新しい種類の樹脂を開発した。この新しい樹脂を戦略商品として、従来提供してきた用途分野を中心に巻き返し、拡大を図るというのが収益回復の基本戦略であった。

この戦略を強力に進めたにもかかわらず、予想に反していくら努力しても収益低下に歯止めがかからなかった。

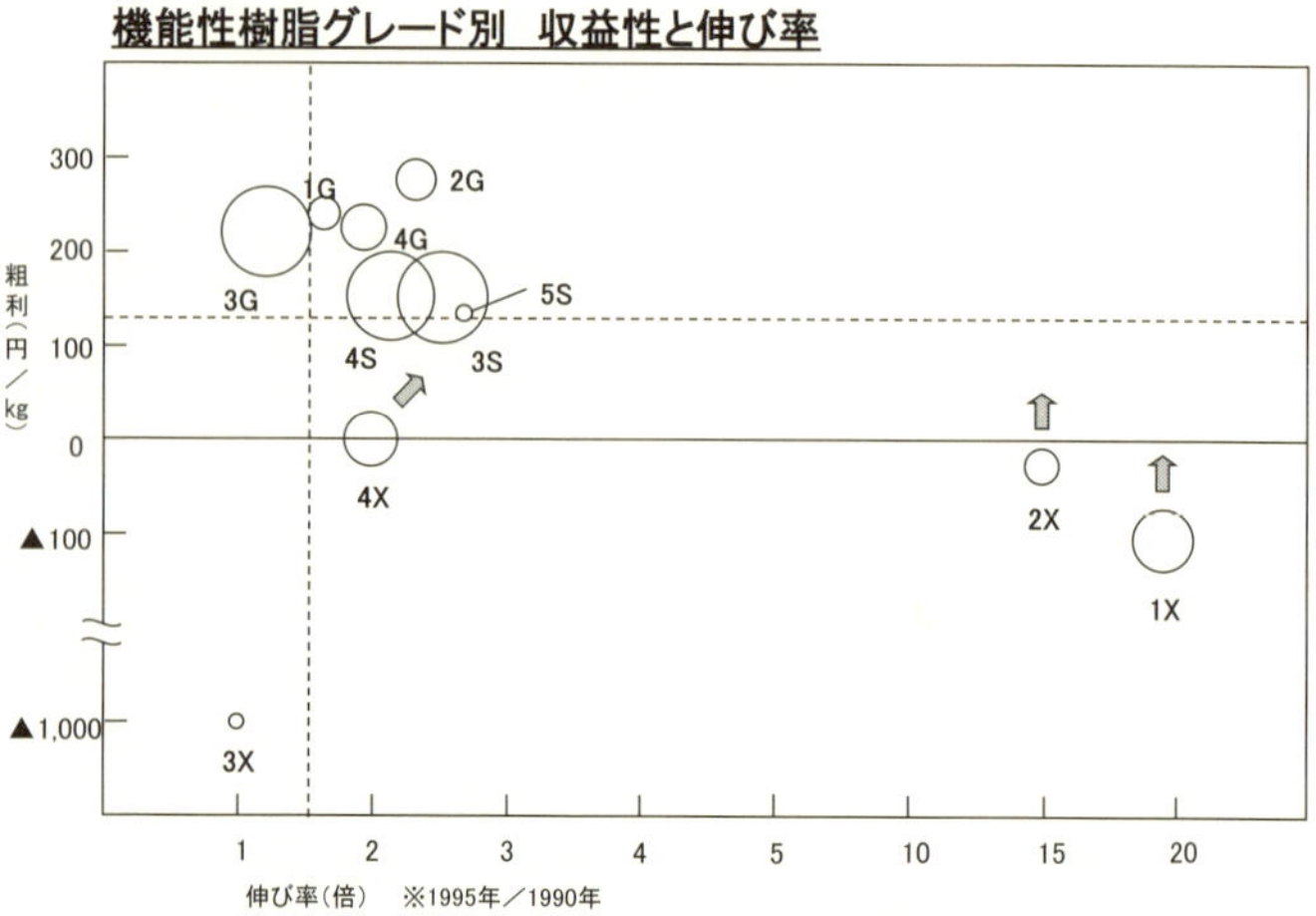

図1　機能性樹脂グレード別　収益性と伸び率

この状況に際し、新しい戦略を立てなおすこととし、収益構造の詳細を点検することにした。

詳細な点検を行うにあたり、今までよりも細かい収益構造の現状と見通しを把握する必要があると判断し、グレード（品番）ごとに、どの様な工程を経て製造されるかを詳細に整理した。工程別にグレードごとの設備占有率・人的負荷量・収率・追加コストを算出して、その工程までをそのグレードのコストとした。工程が多段階にわたるものは、工程別に1つずつコストを計算し、次の工程では、その前の工程までのコストを原料価格として取り扱い、新たな工程後のコストは、そのグレードのコストとして計算した。この時、直接・間接にかかわらず、そのグレードを製造するためにかかる費用は全て加え、その工程までのコストとした。

一括での製品コスト把握ではなく、工程の煩雑さと工程毎のロス、つまり製品とならないものがそれぞれのグレードのコストに正確に反映されるようにした。

また、ある工程のコスト改善に必要な開発費を、追加される新たな費用として判断し、結果として得られるメリットも同時に数値化して計算に入れることで、効果をできるだけ定量的に判断できるようにした。

これに営業上かかる直接費用も加え、粗利益と販売量及び成長率を含めたグラフを作成した。約120前後の製品グレードについて、戦略的に判断しやすいように類似のグレードのグルーピングをした結果は、図1に示す様になった。

このグラフで円の大きさは当時の販売数量を表しており、グレード名にGが付いているものは、従来の製品を製造する工程に加え、さらに新たな工程を通して製造されるグレードの製品を表している。また、Xの付いたものは戦略グレード製品を示している。Sの付いているものは、従来主力であった製品である。

このグラフから明らかなことは、

(1) 従来、戦略グレードと位置づけていた製品は、販売量が拡大すればする程、収益は悪化する。

(2)創業以来、補助的グレードと位置づけられていたGグレード製品の収益性が、全体的に高く、全体の割合も増えている。

(3)全体的に収益性の高いグレードの成長性が低い。

ことであった。この結論は従来の戦略の大幅な変更が不可避であると言うことを意味していた。すなわち、戦略グレード製品はこのままではむしろ収益悪化の元凶であり、ただ量を増やすのではなく早急に何らかの対策をとる必要がある。一方、従来補助的に考えていたGグレード製品が、この事業にとって主力になり得ることを意味しており、生産体系もGグレード製品を中心に組み直す必要がある。

この結果をベースに次のように戦略を変更した。

(1)まず、戦略グレード製品のコストダウンを最優先にして、この見通しが立たないものは戦略グレードといえども廃止する。

(2)Gグレードを中心に新規用途向けグレード製品の開発を強化するとともに、この工程の大幅な生産能力の増強を図る。

(3) 現在、収益性の高いグレード製品は用途開発に注力する。

さらに、このグラフの点線で仕切る4つの象限のうち、第1象限にあるグレード製品は、粗利益も高く、売り上げの伸びも見込めるため、当面収益がでているので対応は後回しでもよく、第2象限のものは、収益率は高いが売り上げの伸びが大きくないため、拡販が最大の課題である。第3象限にあるグレード製品は利益につながらず廃止を急ぐ。事業収益上の最大の課題は、魔の第4象限にあるグレード製品の方向づけにあることが明確になった。ここにあるグレード製品は、このままでは努力すればするほど収益を悪化させることになる。収益改善の見込みが立たなければ、早急に顧客とこのグレードの廃止について協議する必要がある。

これらの判断に基づき、コストダウンの対象となっているグレード製品については、矢印の方向に向けるために1つずつ徹底したコストダウンを図り、困難なものについては廃番の処置をとった。その一方Gグレードの拡販と生産能力増強、および製造工程のコストダウンをあらゆる手段をとって実行した結果、対策実行の進展度合いに応じてようやく収益低下に歯止めがかかりはじめた。

この事業に限らず、各種の樹脂事業は、特に日本では顧客の要請に応えて、多くのカスタマーグレードを開発し拡大を図ってきた。市場が伸びているときは、後に初期の努力が桁違いに大きな量となって返ってくるので、初期の赤字はあまり問題にならず顧客とサプライヤーの両者にとってメリットがあった。

市場全体の伸びが低下してくると、グレード数の多さや開発コストに対してリターンが少ないグレードの増加などが全体のコストアップをもたらし、結果として供給者にも顧客側にも不利益になる状態を招くことが多い。

この例に限らず、品種が多い製品を抱える事業では、その時点での詳細な収益分析が不可欠であり、それを定量化して事業の戦略に即座に反映させることが極めて重要である。事業環境があまり変わらないときは神経質になる必要はないが、成長率が止まったり、市場が縮小した時など事業環境が大きく変化しているときには、常に事業内容の定量的把握と新しい事業環境に合わせた企業経営の考え方、それに基づく戦略の修正が必要になってくる。

2. 機能性シート事業の戦略変更

ある機能性シート事業のうち、生産量の3分の2を輸出している事業があった。しかし最終利益は国内と輸出でほぼ同じレベル、製品あたりの収益性は国内が2倍以上であるというのが、この事業の基本認識であった。

国内と東南アジアの販売量が増加するにつれて生産能力の増強が必要になったが、従来の先進国への輸出を減らすか止めてしまえば、生産能力の増強なしに国内と東南アジアの拡販に対応できる。この戦略の変更によってさらに収益も上がり、資本効率の高い事業運営ができるという1つの考え方があった。

このために、この先進国向けの輸出品の代わりの供給先を探し、自社生産品の輸出を減少させるか撤退するかを真剣に検討していた。

この事業についても、機能性樹脂のコスト分析と同様に詳細な収益構造分析を実施した。

国内品は輸出品に比べてシートの厚さが3～4倍あり、一方、生産性はシートの厚みに比例して悪くなっていた（薄い↓生産性ＵＰ）。さらに国内販売はロットのサイズが小さく、物流などの関連コストも割高になる。一方、輸出品は船便であり、輸送コストが割安であった。ただし輸出品は現地で在庫を持つ必要があり、それに伴う保管料や荷役料などの倉庫費や在庫金利、製品使用期限を過ぎた在庫の廃棄リスクなどもあった。これらの要因を定量化して製品ごとにコストを算入し収益性を詳細に計算した。

この結果を製品ごとに見ると、

(1) 輸出品は売値が安く、限界利益も国内品より安いが、新しいコスト分析に基づき最終利益をみると、国内品よりも十分な利益が出ている。

(2) 国内品のうち生産性が悪い一部の製品は利益が出ないものもあり、国内事業を拡大するためには、さらなる生産性向上等による収益改善が不可欠である。

これらの結果を受けた戦略は、

(1) 国内品は顧客との共同開発でより薄物化を促進する。

(2) 現行品で海外展開を逆に加速する。
(3) 厚物品のコストダウンを実現する技術開発を進める。

それまで、撤退か縮小を前提に考えていた輸出を、むしろ積極的に拡大する戦略に変更することになり、逆に国内販売の課題も明らかになった。

特にこの事業は、国内で生産して先進国へ輸出をしても、十分な競争力があることが確認された意義は大きいと考えている。これによって、長期的には海外での生産も視野に入り、製造・販売合わせたグローバル展開が可能であることが確認できたと考えられる。

このような例に限らず、経営戦略の立案と実行には、単にマクロ的な把握だけにとどまらず、数字的なアプローチを行ってみると全く逆の視点が見えてくることもある。したがって、できるだけ実態や実力を反映させた数学的アプローチも不可欠である。特に事業環境が変化しているにもかかわらず従来の発想から抜け出せない観念的な経営から脱却するには、数学的発想は極めて重要であると考えている。

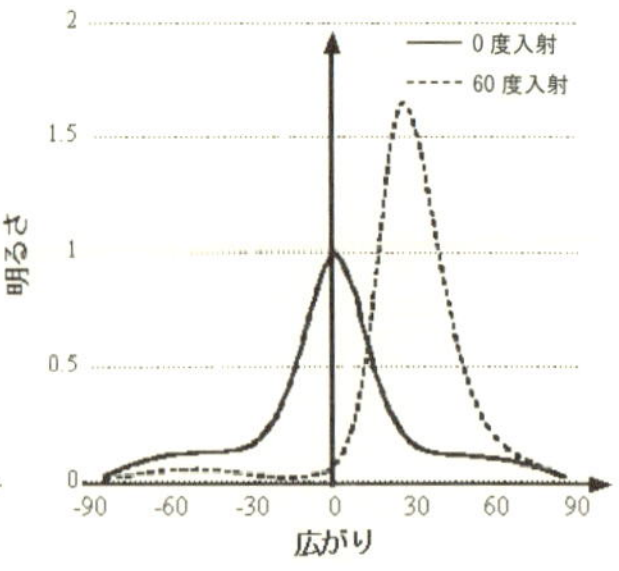

図２　測定結果

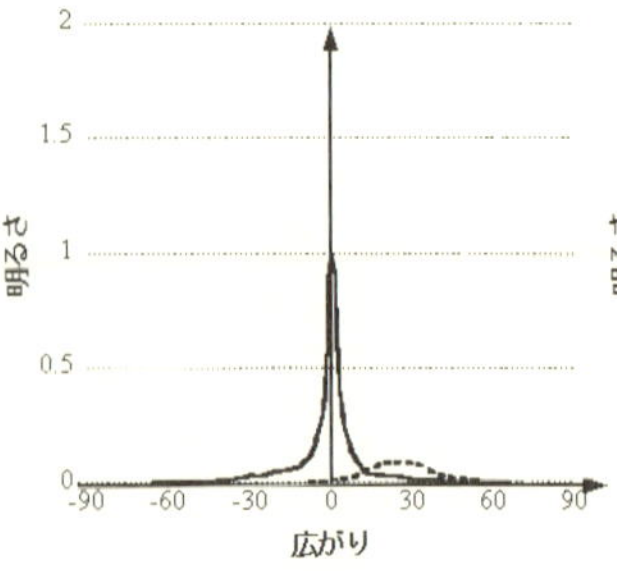

図３　直接モデル化

数学的手法を活用して経営のスピードを上げた例

数学的思考にとどまらず、数学的手法を活用したシミュレーションの手法は、課題解決にあたって極めて有効であり、トラブルの原因推定、性能発現の最適化、使用条件の最適化等、様々な分野で応用されている。逆に言えば数学的手法が使えなければ課題解決そのものができない可能性が大きい。シミュレーション手法を使い、課題解決のスピードアップができた例として、当社の事業について紹介する。

1. ポリマーフィルムの表面加工の最適化

フィルム表面の微細な加工をコントロールする事で、通過する光の透過率や均一性を変化させる光学製品用材料の開発を行っている。さまざまなアイデアについて、その試料を作成し、実験していたのでは何時までたっても結論が出ない。最適な結果を得るまでにはかなりの時間がかかってしまう。そのような場合、性能発現のために、フィルムの表面状態によって光学性能がどのように変わるかを知ることは重要となるが、表面状態を数値化する事がその手始めとなる。数値化することで表面状態の特徴づけが定量的に可能となり性能との相関を調べることが可能となる。

加工によるフィルム表面の変化を測定し、そのデータを基に表面状態の数値化を行うが、精度等の影響で必ずしも十分なものとならない。例えば測定データを直接用いて、光線追跡シミュレーションを行って得られるフィルムの光学性能は、実際とはかけ離れた結果となる。図2は実際のフィルムの光学性能で、平行な光をフィルムの真下及び斜めから入射した時、それぞれの光がフィルム透過後にどのように変化するかを示したものである。真下から入射した光は、フィルムがなければそのまま垂直方向だけに測定されるが、フィルムがあることで0度を中心にマイナス90度近くからプラス90度近くまで広がって透過している。図3は測定したデータを直接用いたフィルムの計算モデルを用い、測定と同

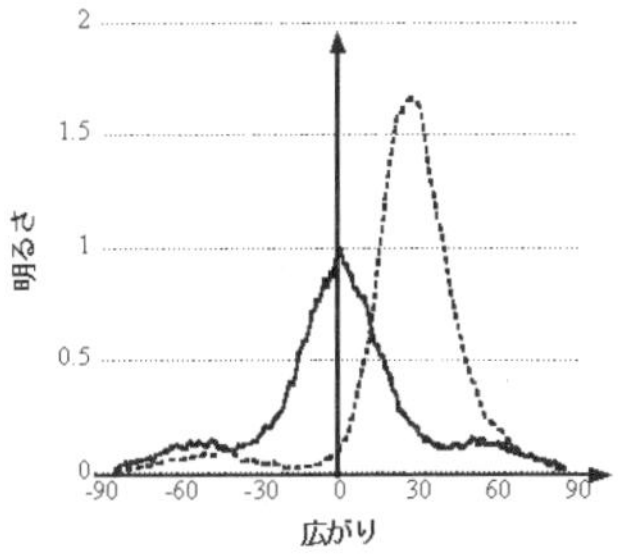

図4　最適化モデル

じ条件で光線追跡を行った結果である。光の広がりは小さく、また斜めから入射した光は反射の影響で透過が少なくなっている。これには測定自体、及び複数の測定データを組み合わせる際の精度の問題があり、対策の1つとしてデータのスムージングがある。スムージングの条件となるパラメータは複数あり、これらの適切な組み合わせを決めるために最適化手法を用いた。具体的には図2と図3のグラフの差が最小となるようなスムージングの条件を最適化により抽出した。図4は最適化を行った結果で、図2に近い光学性能を再現することができている。この時のスムージングされた測定データが目的とする数値化された表面情報である。

近年、最適化の手法は、ソフトウェアの進歩により身近になってきている。最適化の適用というと、目的の性能を上げることがすぐ思いつくが、ここで示したように目標と現実の差を小さくすることを目的とするように、見方を少し変えると適用範囲が広くなり、色々な場面で活用されると思う。

開発が進み顧客と対応するようになっても、顧客の要望の変化に対して、このモデルを使うとかなり早く対応ができるようになり、開発のスピードも上げることに大いに貢献している。

このテーマに限らず、研究開発を加速するためにシミュレーション手法は極めて有効である。特に要因数が多い開発テーマや、最適解を探すのに広い範囲の実験が必要なテーマの開発スピードの加速には、必要不可欠になってきている。しかも、汎用の手法だけでは目的とした効果が出せない。目的にあった数学的修正を行って初めて実用が可能になるケースが多い。

2. 戸建住宅の日照・通風シミュレーション

個人の住宅を建築する企業の立場に立てば、個々の宅地の環境によって日照や通風の状況は大きく変わってくることがわかる。一方顧客は、新築後の各部屋の使い方に応じて、部屋ごとの採光や風の流れについて、事前に様々な希望を持っている。

これまでは、顧客の希望を聞いて過去の経験から判断して図面をおこし、その図面をもとに、定性的な日照や風の流れを説明しながら対応するのが大部分であった。その図面が顧客の要望に合わなければ、再度図面をおこすことも多かった。

当社では建築予定の土地について、周囲の建物の影響や季節、時間変化を考慮した当社独自の

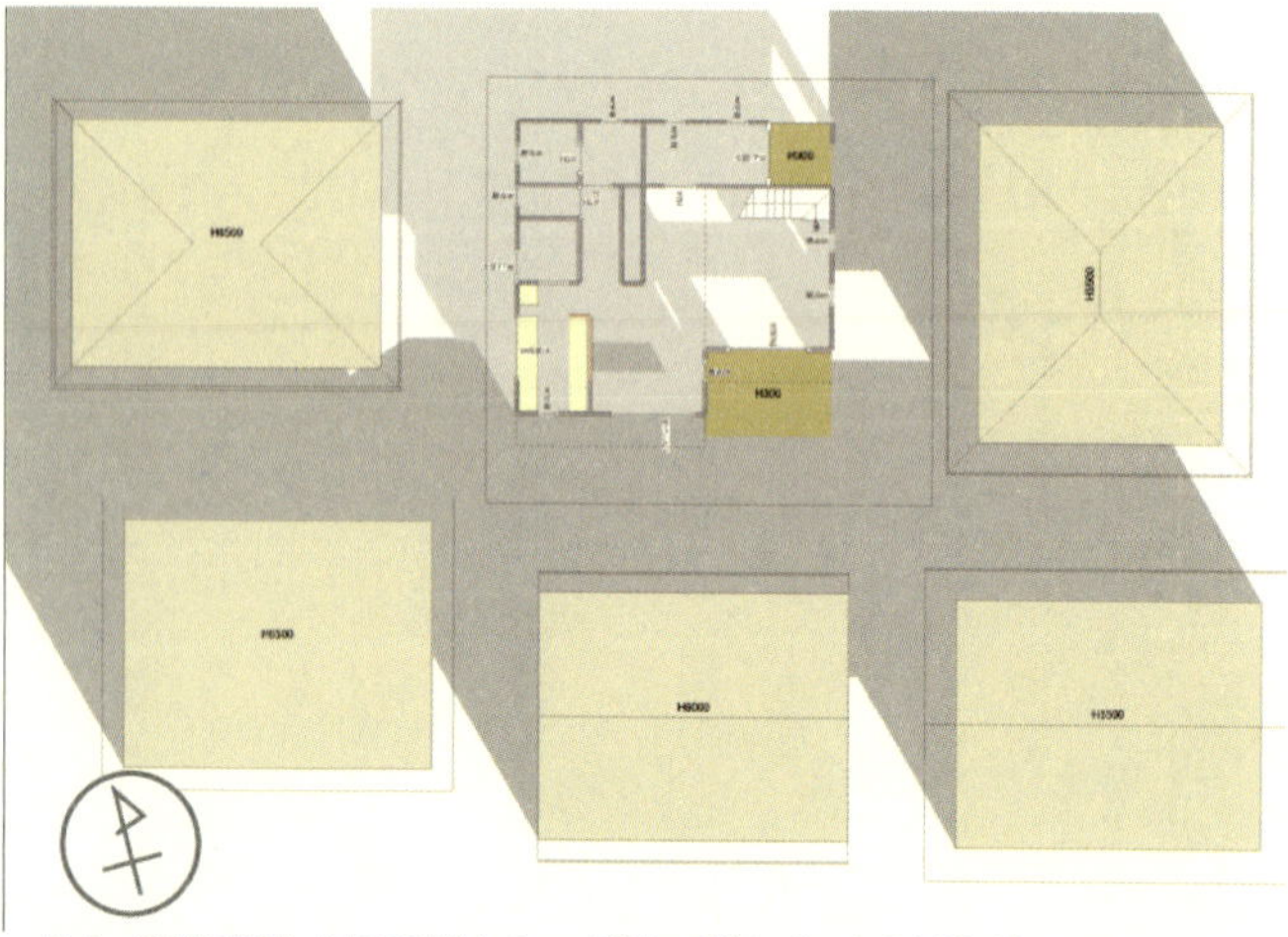

図5　時刻日照図。周囲の建物によって顧客の建物にどのような影が生じるかについて、建物の位置（北緯と東経で特定）、解析時刻（年月日と時刻）、解析面（1階床面から0mm）等の条件を入力してシミュレーションしたもの。

シミュレーションを完成させた（図5）。このシミュレーションでは、太陽光線の角度や方向と建物の関係から、「日照」「日射」「採光」「通風」の4つのシミュレーションを描きだし、居室の間取りや配置、窓の配置を絵にして、顧客に見ていただいて決めていただくことができるようにした。

ここで使われた数学的手法は、次のような計算を統合して実施できる計算モデルを構築したことである。

光線幾何計算（日照、日射）
流れ計算（通風）
ラジオシティ計算（採光）
回路網計算（温熱）

現在では、温熱計算を延長して光熱費の推測や炭酸ガス発生の推測なども可能になってきている。

住宅事業に限らず顧客との接点で営業活動をする時、顧客の疑問や質問に即座に対応できることは、極めて重要になってきている。今の企業活動においてその機能を強化するときも、数学的手法は極めて重要であり、数学的知見の有り無しが業務の達成レベルの点でも達成スピードの点でも極めて大事になっていると認識している。

今回紹介した、一見、数学とは距離がありそうに見える様々な分野でも数学は使われ、そのアプローチや考え方が応用されている。今まで感覚的に捉えていた現象が、数学的手法により定量化され、目の前に示されると、反論出来ない圧力を感じると同時に、現象がクリアなった爽快感も感じることができる。この爽快感は、昔、まさに幾何学の問題を解こうとした時に、解答を出すために気が付いて補助線を見つけたときの爽快感に通じるものがある。企業経営における戦略の実行や課題の解決においても、この補助線探しのアプローチに一脈通じるものがあると思っている。

数学を学ぶことは、その手法の体得に留まらず、全ての分野に有用な思考法やアプローチの行動パターンにも強く影響を及ぼすことであると思っている。

私の場合、その意味で数学を学んだことが、様々な局面で現象を観念的ではなく、できるだけ定量的に把握する思考法やアプローチのベースになっていると認識しており、今でも大いに役立っていると感謝している。

数学への恩返し

下川フェローシップ

日本情報産業

Company Profile

1969 年創業の独立系システムインテグレーター。業務プロセス一括請負(BPO)、異業種企業とのジョイントベンチャー等、新たなビジネスにいち早く参入し、従業員 2,400 名を超える企業へと成長。常に顧客視点の姿勢に努め、豊富な業界ノウハウによって保険・製造・官公庁・アミューズメント分野等で長期的なサポートを提供する IT 戦略パートナーとして評価を得ている。

浜田 達夫
Tatsuo Hamada

1970 年京都大学理学部数学科を卒業後、国内の大手航空会社に入社。一貫して IT 系の部門に勤務し、情報システムの企画・開発に従事。1996 年には同社 IT 部門の部長となる。2005 年 IT 関連会社の代表取締役副社長に就任し、主に企画・人事・総務関連を担当。2007 年日本情報産業に入社し、管理部門・営業部門を担当する。2009 年には同社代表取締役副社長に就任。2010 年 9 月に退任後、現在は同社の顧問を務める。

数学への恩返し　下川フェローシップ

浜田達夫　日本情報産業 顧問

２００８年10月10日、日仏修好１５０周年と、永年日本の数学界と密接な協力関係を築いてきたフランス高等科学研究所（ＩＨＥＳ）の創立50周年を記念し、「日仏科学（数学）フォーラム２００８」が東京で開催された。この一環として、日本経団連の支援のもと、「経済と数学」をテーマとしたシンポジュームが行われ、その後、日仏の経済人や数学の関係者を交えたレセプションが催された。席上、日本情報産業株式会社と故下川幸嗣氏夫人に「下川幸嗣記念研究奨励基金」創設の感謝状が贈呈された。

日本情報産業株式会社（ＮＩＩ）では、創業社長であった故下川氏の一周忌に際して、故人の功績を称える記念プロジェクトを社内で検討していたが、故人の遺志を尊重し、数学者の育成に資するものが相応しいのではないかとの結論に至っていた。一方、フランス高等科学研究所は、主に純粋数学に特化して世界の数学界をリードしてきたが、設立50周年を迎えるに当たり、同研究所において共同研究を行う日本の数学者を定期的に招聘する目的で、「ジャパン・ファンド」を設けることとなり、寄付を募ることとなった。

このような縁から、ＮＩＩは、この「ジャパン・ファンド」に応募することとなったが、ＩＨＥＳは設立以来、広中平祐教授をはじめ２３０名余の日本人研究者を受け入れ、永年、日本とフランスの数学界の研究協力に寄与するなど、純粋数学の発展に貢献しており、これに応募することは日本の先端数学の維持、向上にとって意義の深いことであった。こうして「ＩＨＥＳジャパン・ファンド」に「下川幸嗣記念研究奨励基金」を設立することとなった。今後、毎年、日本の数学者がＩＨＥＳにて研究活動するのを支援することになるが、既に、第1号となる数学者がフランスに渡って研究を行っている。このようにして、下川氏の遺志は、今も、日本の数学者の研究活動を支援している。

下川幸嗣氏は１９３３年6月21日、東京に生まれた。

下川氏は１９５２年、横浜市立大学文理学部数学科に入学して数学を学び、１９５６年、同学科第1期生として卒業した。彼は、高校生時代、東京大学数学科の学生（後に東大数学科教授となる）に家庭教師をしてもらったことがあったが、その影響で数学への関心が高まり、後に数学の方向に進むこととなった。当時、横浜市立大学では優秀な教授陣を集め、数学科を新設したところであった。1期生である14名の学生は、幾人もの優れた教授から直接指導を受けるという恵まれた環境にあった。時の教授陣は、例えば、ポアンカレ予想という歴史的難題へチャレンジする低次元トポロジーの第一人者、相対性理論を古い幾何学を用いて独自に再構築を目指す者、プリンストンなど世界の高等研究所と活発に連携をとって研究する者がおり、スケールの大きな難問解決への情熱を傾けていた教授の方々が居られた。彼は、そのようなチャレンジ精神が旺盛な雰囲気の中で、数学を学ぶことができた。彼の発想法、論理的な思考、抽象化能力はこの時代の数学トレーニングに影響を受けたところが大きいと思われる。

下川氏は横浜市立大学を卒業後、約10年間高等学校で数学の教諭を勤めた。その後、1966年、コンピュータ・メーカー系のシステム会社に入社した。いよいよＩＴの世界に足を踏み入れることとなる。数学への強い関心は、当時ほぼ未開の分野であった情報産業界への開拓へと突き動かしたのである。新しいことへの挑戦と情熱は尽きることはなかった。

下川幸嗣氏

1969年7月、日本の情報産業草創期に下川氏はＮＩＩを設立した。

当時36歳であった彼は、日本の情報産業界をリードしようと新たなビジネスモデルを生みだしながら、70名程で設立したＮＩＩを今日までに２４００名を超える大きな企業に成長させた。

コンピュータ時代が幕開けしたのは１９６０年代であり、それから約半世紀かけて、メーンフレームを中心とする時代から、ミニコンやパソコンのオープン化の時代、さらにはネットワーク時代へ、また、ハードウェア産業中心からソフトウェア産業の成長を経て、情報産業は今日のようなソフトウェアやサービスが表舞台で活躍する時代を迎えた。下川氏がＮＩＩを創業した当時は、ＩＢＭがシステム３６０を発表し、ＩＢＭを中心とするコンピュータ市場開拓期であり、大企業を中心にコンピュータ導入の機運が高まり、ＭＩＳ（経営情報システム）ブームが沸き起こった時期であった。しかしながら、ソフトウェア会社はハードウェア会社の下請け的存在に位置づけられており、今日とは全く違った状況にあった。一方、その頃のアメリカでは、ハードウェアとソフトウェアのアンバンドリング（価格分離）の発表を契機に、ソフトウェア・プロダクトの開発と流通が活発化するなど、情報産業における日米間の構造格差は相当に大きいものとなっていた。

このようなハードウェア主体の時代と業界動向の中で、下川氏は特定ハードウェア・メーカーに依存することなく、ニュートラルな立場でソフトウェアやサービスを主体に事業を推進するＮＩＩを立ち上げたのであった。創業当時は、「コンピュータ」という名称は既にあったが、「電気計算機」「電子計算機」が主流で、ましてや「情報産業」という言葉は一般的ではなかった。彼が「情報産業」という言葉を知ったのは、１９６３年、京都大学教授梅棹忠夫氏の「情報産業論」に出会ったことによる。彼はこの論文に感銘を受け、10年後には「情報産業」というフレーズが日本中を飛び交うことになると直感したという。そして、各メディアで取り上げられるであろう「情報産業」を社名にすることで、自社を時代と世の中に浸透させたいという思いがあったのだ。ただ、創業当初には社名から結婚相談所や探偵事務所と間違われることが多々あったと言う。

下川氏は、「新しいことをやる時は、コンセプトを立てて、それに向かって進む。」と新入社員への講話など機会あるごとに社員に話をしていた。会社設立にあたっての事業戦略の基本コンセプト造りである。これからの産業は、コンピュータを中心として、教育・医療・アミューズメントとレクリエーション・物流・ハウジングの５つが絡んだものとなると確信し、設立する会社もコンピュータを利用して、この５本柱の仕事を行うとするとのコンセプトを定め、事業展開した。例えば、５本柱の一つの教育分野では、国家試験・公務員試験や各種公的試験の運営支援事業に進出した。大学時代に学んだ得意の統計学の知識を生かし、試験結果集計システムを自ら構想し、自ら指揮を執って、セールス展開した。ビジネスモデルは、この当時から既に「顧客はシステムを所有するのではなく、必要な時に必要なものを利用する」を前提とした今日のＡＳＰ／Ｓａａｓモデルであった。即ちＮＩＩのハードウェア・ソフトウェア・ノウハウをトータルでサービス提供する形態であった。更には、結果集計のプロセスだけでなく、試験前後の業務プロセスを含めて一括して請け負うＢＰＯへも拡大していった。この頃は、まだＡＳＰ／ＳａａｓやＢＰＯという概念が無く、ＮＩＩではこれを開発・運用・データ作成を一貫して請け負うということで、システムインテグレーションサービスと呼んでいた。

１９８０年代、大手ユーザー企業を中心に自社の情報システム化を推進するにあたり、その推進母体としてシステム子会社を設立するトレンドがあった。また同時に、本体のシステム化だけでなく、本体のシステム化で培ったノウハウを情報ビジネスとして他に展開する多角化や外販を目指そうとする企業もあった。このような企業の中には情報ビジネスの専門家のノウハウ導入・強化等の観点から、ＩＴの専門企業とジョイントで起業するところもあった。下川氏は、このような動向を的確に捉えビジネスプランとして提案し、ユーザー企業との合弁事業によるシステム会社を次々に設立していった。彼は双方の企業文化の違いから、「サラブレッドとアラブ」あるいは「貴族と野武士」の「結婚」であり、異文化・混血の強さと高く評価し、将来の成長を大変楽しみにしていた。日本航空、小西六写真工業（現、コニカミノルタ）、熊本放送などがそれに当る。

これらの積極的な経営戦略やビジネス展開、早くからサービスを主体としたビジネスモデルを構築してきたこと等を評価し、業務提携・資本提携を持ちかけてきたのが、当時世界最大のコンピュータサービス会社であった米国ＥＤＳ社であった。１９８７年、ＥＤＳとＮＩＩは日本における合弁企業、日本ＥＤＳを立ち上げた。提携交渉に下川氏自身が米国ダラスのＥＤＳ本社に出かけることもあったが、当時の世界の最先端を行くＥＤＳの巨大なデータ・センターや開発施設・教育施設・プレゼンルームなどを見学し、大変感銘を受けた。また、ＥＤＳの創業者であるロス・ペロー氏については、同じ起業家として大変尊敬し、社員や取引先などに、ロス・ペロー氏のことを好んで話していた。

１９９０年代に入ると下川氏は中国ビジネスに取り組んだ。発展が予想された中国国内での事業と日本国内の人手不足解消の事業を並行して実行しようとした。そして当時、中国国内での情報処理事業を企画した。１９９７年には、ＮＩＩが得意としていた資格認定業務等を中心に３〜４分野に亘り、例えば自動車運転免許事業などを日本国内の異業種企業と連携しながら中国側と話を詰めていた。結果的には当時は未だ事業環境が整わず計画は中断されたが、彼は、今日の中国への日本企業進出をこの当時既に見通していたといえる。また、一方では中国の豊富な人的資源を当時人手不足に悩んでいた日本国内の情報産業界に人材を提供するため、中国国内に合弁企業を設立しようとしていた。これは同時に中国国内の事業を推進するための中心となる企業とも考えていた。十数名の技術者をＮＩＩに短期に受け入れ教育・ＯＪＴ・実務経験を行った。今日では一般的になっているオフショアと同様だが、中国人も分け隔てなく社員として一緒に事業を進めていこうとする姿勢は根本的に異なっていた。

このような新たなビジネスモデルの立ち上げ・異業種提携・グローバル展開など、事業の創出については、下川氏の数学的思考がベースになったと思われる。即ち、業種の違い・海外・顧客の様々なニーズは、現象面では多種多様・複雑に見えるが、これを抽象化することで固定観念に縛られることなく、論理的にかつシンプルに考えることが出来るという。「形にとらわれずに、それが持っている本質を見極める。これがトポロジー的発想である。」とよく語っていた。物事を原点・定義にさかのぼって考え、それを根源的なところからまとめ上げ、ビジネスにまで結び付ける。このような数学的思考がベースとなった柔軟な発想法により、次々と新たなビジネスを創出してきたと思われる。また、彼は、常に数学を学んできたことを誇りにし、数学的思考の重要性を社員や周囲の人々に語りかけるなど、数学に対する思い入れが大変強かった。

ＮＩＩの企業理念である「信頼を礎に」は、お客様との信頼関係は勿論であるが、会社と社員、社員同士の信頼の意味合いもある。その体現のため、下川氏は社員とのコミュニケーションの機会を頻繁に設けた。日々、社内を歩き回り、一般社員に話しかけるのもしばしばであった。毎年、社員旅行を全社員で行い、家族のように社員と接する。彼の豪快かつ親しみやすい性格は、社員の憧れであり信頼の象徴となった。さらに彼は社員家族へも思いを馳せていた。創業30周年の記念イベントでは、敢えて取引先を招待せず、社員と家族だけのパーティを開催したものである。社員だけでなく、家族との信頼も築いていたのである。

下川氏は２００７年９月、74歳で逝去したが、数学を自らのルーツとして大切にしてきた彼の志は、今もＮＩＩの中で生き続けるとともに、数学への恩返しとしての「下川幸嗣記念研究奨励基金」となって日本の数学界を応援している。

鉄道システムの技術開発を支える数学

財団法人 鉄道総合技術研究所

RTRI

日本国有鉄道の分割・民営化に先立ち、1986 年 12 月 10 日に運輸大臣（現国土交通大臣）の許可を得て設立。1987 年 4 月 1 日の JR 各社の発足と同時に、日本国有鉄道が行っていた研究開発を承継する法人として本格的な事業活動を開始した。東京都国分寺市に主たる研究所を置き、約 500 人の所員が車両・土木・電気・情報・材料・環境・人間科学など、鉄道技術に関する基礎から応用までのあらゆる分野を対象に、たゆまぬ技術革新にチャレンジしている。

正田 英介
Eisuke Masada

1965 年東京大学数物系研究科博士課程を修了。工学博士。直ちに東京大学工学部電気工学科で教職に就く。1983 年東京大学工学部教授。1998 年に定年退官し、東京理科大学理工学部教授となる。2007 年鉄道総合技術研究所の会長に就任し、現在にいたる。その間、電気学会会長、電気協同研究会会長、富士電機ホールディングス取締役、日本工業標準調査会副会長などを務める。電気学会功績賞、運輸省交通文化賞、ヨーロッパパワーエレクトロニクス協会 PEMC 功績賞など受賞多数。

鉄道システムの技術開発を支える数学

正田英介　鉄道総合技術研究所 会長

鉄道総合技術研究所は日本国有鉄道の分割・民営化に際してその研究開発を承継する法人として発足し、鉄道の発展に寄与することを目的として、鉄道技術および労働科学に関する基礎から実際の応用まで総合的な研究開発を行っています。鉄道は車両、軌道、駅設備、運転保安装置、エネルギー供給設備など性格の異なる多様な装置から構成され、その運用やサービスにはヒューマンファクターが影響し、地震や強風など自然災害にも対処しなければならない、複雑で巨大なシステムです。このようなシステムの運営や設計にはシステム工学的な手法が欠かせませんが、その基礎は数学にあります。私自身システム工学の専門家として多様なシステムの特性の解析や設計の研究に携わってきましたが、大学の教養学部時代に習得した抽象的な数学理論がその解決に大変に役立ってきました。また、鉄道の特徴は何と言っても列車を動かして人やものを運ぶところにあります。物理的な運動を直感的に把握することがそこでの現象の解明や高速化といった性能の向上に欠かせませんが、それは物理数学の知識の上に成り立っています。

それではもう少し具体的にわれわれの課題と数学との関係をいくつかの代表的な例によって説明してみましょう。

列車の性能を高める

列車の高速化や乗り心地の向上、保守性の改善などは鉄道技術として常に追求されている課題ですし、脱線などの異常現象の原因の解明にも重要ですが、これらは軌道上を走行する列車の運動を分析することがその基礎となっています。列車は車体、台車、車輪、駆動モータなどから構成され、軌道の線形に沿って走り、走行に伴う振動が抑えられるように構成要素がばねやダンパーなどの支持装置によって相互に接続されています。列車の走行状態は、物理的に言えば、レールと車輪の接触点で拘束され、相互に支持装置で接続された多数の剛体の運動として解析力学的に表現されます。車輪の接触点に働く摩擦力のような非線形要素や車体自体の弾性運動も考慮する必要があります。従って、車両の運動は非線形・多次元の微分方程式群で表されることになり、その解析は数値解法のみで可能です。一般には、多剛体運動解析プログラム (multi-body dynamics program) で解かれることが普通です。

このような手法による解析が実際の現象を正しく表しているか否かは、実際の列車による走行試験で最終的に確認されますが、機械的な構成の確認や部品の特性の調整などは実走行では難しいので、写真1に示すような車両試験台と呼ばれる試験装置で、1台の車両の前後運動を拘束した形で車輪を回転させた実験を行って、それと並行して計算される実時間計算プログラムによる解析結果と対比します。このような仕組みで実際の車両を製作して試験する前に、その設計を確認することができます。

写真2に示すリニアモーターカーとも呼ばれる磁気浮上鉄道の場合は、軌道上の電磁コイルに流れる電流によって生じる電磁力で列車に働く推進力、支持力、軌道に対する案内力が決まりますので、先に述べた運動方程式と電磁方程式を連立させて解かないとその特性が議論できません。より高度な数値解析手法が求められます。

自然災害に対処する

地震や台風などによる自然災害の多いわが国では、軌道や橋梁などのインフラがそれらに耐えて安定な運行を続けることが社会のモビリティの確保と言う点から重要です。このためには地震波によって構造物がどのように振動するか、橋の支持脚の周りで増水した河川の流れがどのような振る舞いをするのか、などの解析が必要です。また、最近では気象の不安定化に伴い、強風が

写真 1　車両試験台

写真 2　試験走行中の山梨リニア

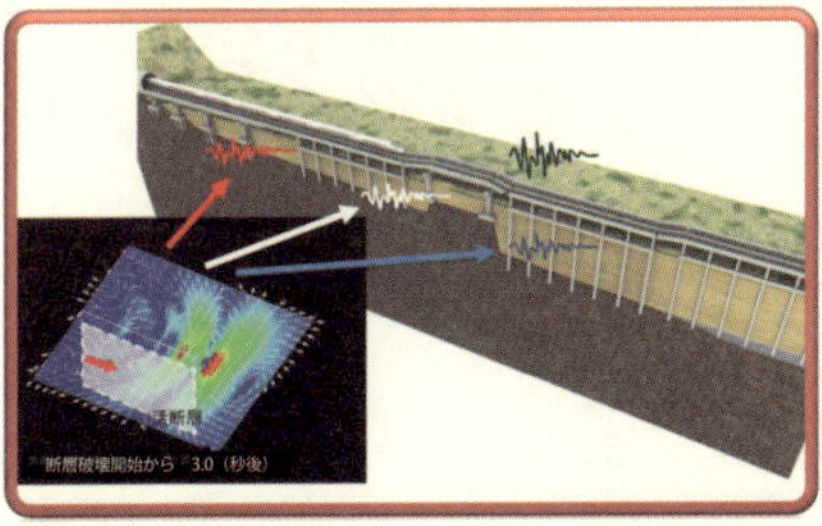

図1　鉄道施設間の相互作用を考慮した既設鉄道施設の耐震性評価と対策

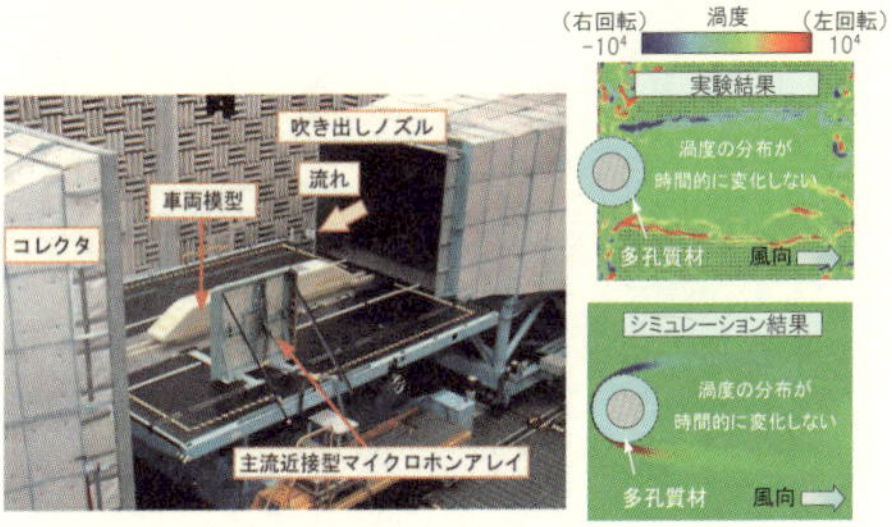

図2　風洞実験とシミュレーション

走行中の列車に及ぼす影響を求めるといった新しい課題も生じています。

図1は、断層で発生した地震波が複雑な構造の地層内を伝播し、構造物を振動させ、その上を走行する列車に影響を与える様子をモデル化したものです。このような現象を有限要素法によって数値的に解析して、振動の状況やその周波数特性を明らかにできれば、構造物の構成や安全のための対策を考えることができます。震源に比較的に近いところを走行中の列車に対する脱線防止対策の評価も可能になります。

環境への影響を低減する

鉄道から生じる環境問題として、沿線に対する走行騒音があります。列車の走行による空気力学的な騒音、いわゆる風切り音は速度が高くなると大きくなるので、高速列車のさらなる高速化を実現するための大きな課題です。空気力学的な騒音は、車両の形状が不連続に変化する部分や、突起部で剥離する渦と列車全体の表面に沿って存在する乱流境界層自体の振動によって生じますから、図2左に示すように、風洞試験や走行試験では多数のマイクロホンを車両断面に沿って配置するマイクロホンアレイによる測定で、音源を明確に捉えて対策を検討します。騒音レベルは周波数領域で評価されますので、配置や音源の種類によって生じる各マイクロホンの測定している観測窓の違いを補正するなどの数学的な手法が大切です。

より局所的な課題として、高速域で影響の顕著なパンタグラフから発生する騒音を抑える研究の一つとして多孔質の材料をパンタグラフの表面に貼り付けることが考えられています。図2右は、円柱部材にこの材料を貼付した場合の空気の流れ場を、実験およびシミュレーションにより求めたものです。空気の流れ場をシミュレーションによって解くことにより多孔質材を貼付した場合には安定して限られた渦しか発生しないという、実験で得られた改善性能が証明されたのみでなく、多孔質材の空隙率や厚みの適切な選択も可能になりました。

列車の運行を管理する

乗客にとって信頼できる鉄道とは、運転ダイヤが計画の通りに守られていて、事故や故障などの異常事態が発生しても短時間で回復できることでしょう。運転ダイヤの作成は、列車の数、優等列車の有無、乗務員の数や運転区の配置、駅の間の距離やホームの構成、路線の地形的な制約など多くの条件を配慮しなければならないプログラム問題です。特に、大都市近郊では異なった路線や会社の車両が相互乗り入れし、運転密度も高いのでかなり複雑なシステムの数理計画になります。また、実際に列車の進路を構成し、安全な運行を保証する信号保安システムや、到着する列車についての情報を旅客に提供する列車情報システムも運転ダイヤに連動して論理的に働く必要があります。これらの計画全体を作成するのも数学的な手法の対象となります。

特に、臨時のイベントや事故の発生に対しては短時間での対応が求められるので、状況に応じた運転ダイヤや車両・運転手の運用計画などを計算機で自動的に作成し、情報を関係部署に通信できることが望まれます。図3はダイヤ乱れが生じた場合の貨物列車の運転を整理して復旧する作業を、数理計画法の手法で自動的に作成した例です。運用を司る情報システムにこのようなソフトウェアを組み込めば、ダイヤの乱れを短時間で整理することができます。

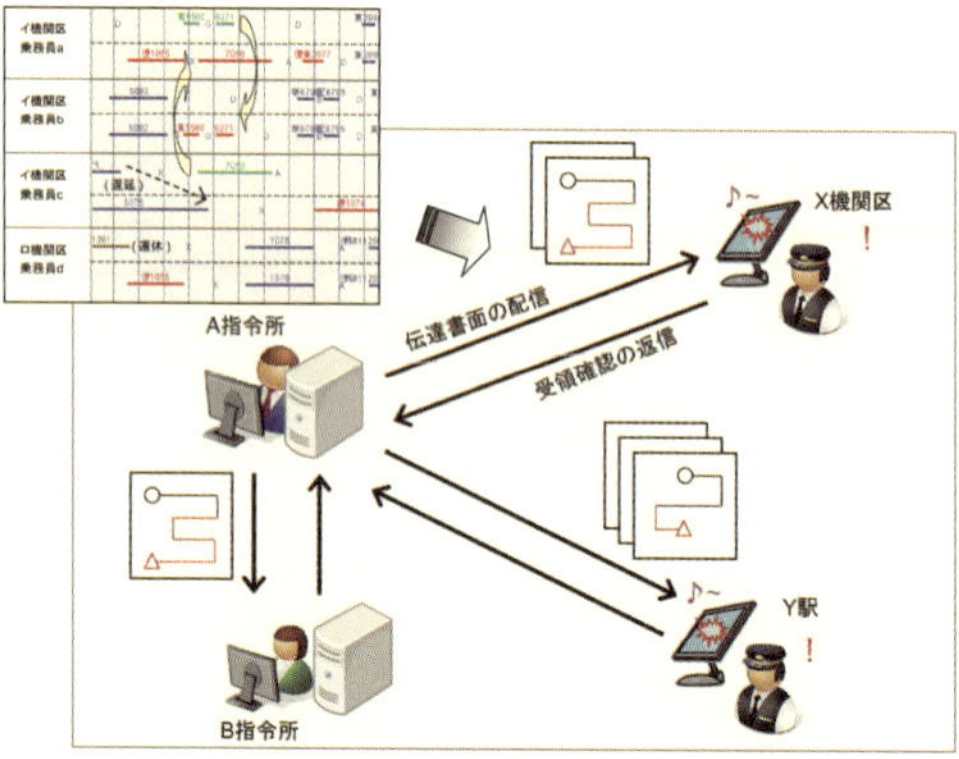

図3　運用整理伝達システムの概要図

ここで述べたいくつかの例でその一端を示したように、鉄道技術の研究開発では解析学、論理プログラムや数理計画法などの数学的な手法が幅広く使われており、具体的な設計や評価は数値計算手法が主体となって進められています。鉄道ネットワークの発展や高速化に伴ってシステムとしての鉄道はますます複雑化しており、多様な環境や異なる技術分野が統合されたその性能の把握には従来のような試作・試験といったアプローチでは限界があり、より抽象的な数学的思考やシミュレーションによる解析が不可欠になっています。一方、特性の評価や運用の方策の決定にも、多数のパラメータの変動や時間的な変化を統計的に捉える手法が導入されてきています。鉄道における研究開発の基礎としての数学の重要性はますます高まっています。

数学は経営者にとって必須である

ドリームインキュベータ

Company Profile

堀紘一をはじめとするボストンコンサルティンググループのシニアメンバーが、「ソニーやホンダを100社作る」をミッションに掲げ、2000年6月に設立。以来、新進気鋭のベンチャーから大企業までを支援するプロフェショナルファームとして、戦略コンサルティングやインキュベーション、M&Aや技術の事業化など、企業の成長に不可欠な経営要素について独自のサービスを提供。戦略コンサルタント、会計士、インベストメントバンカー、技術専門家など多様な専門家の英知を融合・昇華させ、顧客のあらゆる課題・悩みをサポートする。2005年東証1部上場。

堀 紘一
Koichi Hori

東京大学法学部卒業後、読売新聞を経て1973年から三菱商事に勤務。ハーバードビジネススクールでMBA with High Distinctionを取得後、ボストンコンサルティンググループで国内外の一流企業の経営戦略策定を支援。1989年より同社日本法人の社長。2000年ドリームインキュベータを設立し、代表取締役社長に就任。2006年からは会長を務める。主な著書に、『日本の成長戦略』『世界連鎖恐慌の犯人』『「真のリーダー」になる条件』（以上PHP研究所）、『一流の人は空気を読まない』（角川グループパブリッシング）、『リーダーシップの本質』（ダイヤモンド社）等。

数学は経営者にとって必須である

堀紘一　ドリームインキュベータ代表取締役会長

大学は理系だけでよい

私は近著『日本の成長戦略』で、「大学に文系の学部はいらない。学部はすべて理系にすべきだ。」と、述べました。Undergraduate（学部）は理系中心で、数学と論理学と、「仮説をつくってそれを検証する」という自然科学の方法論を学ばせればよろしい。法学、経済学、社会学、文学、そういうものを勉強したいのなら大学院に行ってやればいい。学部では数学や工学を専攻したけれども、卒業してからはビジネスをやるという人がいてもよいと思います。もし、ビジネスの世界で生きてゆくのに理系科目だけでは知識不足だというのなら、大学院で経営学を学べばいいのです。理系の学生というものは、経営をやるにせよコンサルティングをやるにせよ、ビジネスをする上で基本的には適性があると思います。

逆にいえば、数学や論理的思考の能力がビジネスにおいて最も重要だということです。もちろん、人文系の感性や教養が不要というわけではないけれども、それらはある程度の数学的・論理的な裏づけがある場合に限って意味があるのです。そういうものが伴っていない感性や教養などというものは、単なるヤマカンのようなものですから、ビジネスにおいてはほとんど無に等しいということを言いたいわけです。

理系でさえあれば、学部で何を専攻するかということは、実はそれほど重要ではありません。そもそも学部で教わる知識など教養程度のもので、数学であろうと天文学であろうと、決して高度な専門性を有するものではないという点において、あまり変わらないのではないでしょうか。結局、数学的・論理的な思考力を身につけさせられるという点だけが同じで、また、その点こそが重要なのです。学部はすべて理系にしろというのは、教養レベルの「専門性」より何より、この種の論理的思考力を効率的に伸ばした方がずっと有意義だからです。

そういった意味で言うと、大学に教養課程は不要でしょう。それは高校で教えればよいことです。代わりに1年間くらい、社会奉仕を必修にした方がよほど教育効率が高いと思います。たとえば高校を卒業して1年間は、自衛隊に入る、海外青年協力隊に参加する、高齢者や障害者の方々の介護をする、の3つのうちからどれかを選ぶ。それを経験しないと大学への入学資格はない。

まず人の痛みがわかる人間になりなさい、と。そして大学に入ってからはみっちり3年間、理系の専門科目を学ぶ。こうした社会経験を積んでから大学に入ると、大学で何を勉強したいのか、ということについても、少しははっきりした考えが持てるようになるのではないかなと思います。

ハーバード・ビジネス・スクール時代の数学

私が経営学を学んだハーバード・ビジネス・スクールでも、数学は基本中の基本です。経営学には「Accounting is the language of Business（会計学は経営の言語である）」という格言がありますが、これは会計学がわからないような人は言葉がわからないのと同じで、経営ができるわけがないという意味です。そして、その会計学の基礎はなんといっても数学なのですから、結局、数学ができない人は経営もできないのです。

ビジネス・スクールで数学が重視されていたのは、なにも会計学だけではありませんでした。例えばManagerial Economics（経営数学）という授業を1年生は必ず履修しなければなりませんが、そこではDecision Tree（意思決定の木）というものを教えられ、数多くの選択肢の中からどのようにして合理的な意思決定を行えばよいか、ということを論理的に解き明かす手法を学んでいくのです。それからRegression Analysis（重回帰分析）というものがあります。たいていの物事においては何かが決まる要因として変数がいくつか存在しますが、それら変数が同時に動くとき、結果に対して個々の変数がどのように影響しているか、ということをこの手法で数学的に求めることができます。あるいはLinear Programming（線形計画法）を学んで、限られたリソースの中で最適な結果を求めるための方法も教えられました。こういったことは、日本の文系でほとんど教えていません。

私はハーバードでベイカー・スカラー[1]を頂いたのですが、数学が苦手であったなら、よい成績で卒業するのは相当難しかったと思います。会計学と経営数学以外の科目でも、数学ができないと結局ついていけないものも多いですから。ですからハーバードのビジネス・スクールをトップクラスの成績で出られる方は、全員数学ができた方、と言ってほぼまちがいないと思います。

もちろん、これらの数学をそのまま使えるほど経営は簡単ではありません。しかし、数学的思考をまったく用いずに行う意思決定など、プロフェッショナルの世界ではあり得ないと思います。たしかに、数学ができなくとも非常に勘がよく、適切な判断ができる経営者やビジネスマンもい

1　成績上位2％（当時。現在は5％）の卒業生に与えられる称号。日本人でこれを得たのは筆者が初めて。

るのでしょうが、成功に結びつく行動や考え方というものは、よくよく冷静に分析したならば、実は数学的な裏づけを持っているものなのです。本人が気づいていない場合でも、その背後には数学的な思考がちゃんとあるものなのです。

いずれにせよ、コンピュータが非常に発達し、また会計学や経営数学のような数学的ツールが整えられている現代において、数学的思考法を重視しないで経営を行うということは、あまりに時代の特権を放棄した態度ではないでしょうか。

数学ができない経営者、英語ができない経営者が多い国、日本

日本の経営者は、外国に比べると数学的な素養が少ない人が多く、英語が話せない人は世界で1番多いです。英語圏の経営者が英語を話せるのは当たり前ですが、昨今は中国や韓国でも経営者は英語が堪能で、英語ができないというのは昔も今も日本の経営者の際立った特徴だと思います。

数学は100%論理的なものなので、言葉の壁というものはありませんが、その数学にしても、

私が見てきた限り、欧米の方が日本よりも、数学ができる経営者の数は多いように思います。いま、日本の大学で法学部や文学部に行くと数学はほとんど勉強しなくともよいし、入学試験に数学を課していない私立大学もありますから、甚だしきにいたっては高校の数学さえほとんど学んでいないという場合も多いのです。数学的思考ができないまま学生が社会人になり、それでも何かが自分にできると考えているのだとすれば、少なくともビジネスの世界ではそれは相当に甘いと言わざるを得ないのではないかな、と私は思います。

もし今の時代、経営者が英語力もなく数学的思考力もないまま経営を続けてゆくとすれば、それはこれから先にその咎《とが》めを受ける確率は、かなり高いのではないでしょうか。

数学的素養を育むには

数学的思考に向いているかどうかということに、いわゆるＩＱが高い低いということはあまり関係がないと思います。ひとつには、いくら頭が良い悪いといっても、本当のところ人間の能力にあまり差はないというのが実際であるからです。また、生まれつき良い頭や悪い頭というものが仮にあったとしても、数学的に物事を考える習慣が身についているかどうかということの方が、それよりもずっと重要であるからです。そういった習慣を持たない人は、例え恵まれた頭を持っていたとしても、数学的能力は決して高くないでしょう。逆に言えば、数学ができるようになろうと思ったら、数学的にものを考える習慣を身につけなくてはならないのです。

例として私がよく言うのは、「仕事で使う数字の桁数と、その一番大きい桁の数値を覚えておきなさい」ということです。例えば日本は人口1億2千数百万人で、国土面積38万平方キロメートルですが、覚えておくべき数字は「1億」や「30万」でいいのです。正確な数字を知っていることよりも、「これは1０００万でもなければ10億でもない、かといって2億でも3億でもない、1億という単位なんだ」「30万という単位なんだ」ということを把握しておく方が遥かに重要です。

ビジネスの話をしていると、よく桁を間違えたりする人がいるのですが、桁を間違えるというのは本来ありえないことなのです。例えば昼食に８００円のカレーライスを食べようとして、それがメニューを見たら８０００円と書いてあれば誰も注文しません。8万円だったらなおさらです。30歳の人間をみて、5歳と早合点する人はいないでしょうし、１００歳だと思う人もいません。ところが仕事に関する数字となると、とたんに無頓着になる人が多いのです。自分の会社の従業員数が4万８０００人なのに、4万７０００人とまちがえる、というのはあまり大きな問題ではありません。だいたい5万人、これでいいのです。しかし、これを5000人と間違えたり、50万人と間違えるようだと、この人は普段何も見えてない可能性があります。

桁を間違えるという、日常生活においては絶対にありえないことを、ビジネスにおいて平気でやってしまう人がいるということは、私からすると信じられないことなのです。数字に厳密さが要求される場面ももちろんありますが、生活や経営判断の場において使う数字は、多くの場合桁数と、頭1桁の数値がわかれば十分です。それが数字に親しむということであり、数学的素養を育てるという習慣にもつながるのです。こういった努力を続けていけば、数字に関することにもある種の直感的な判断を下せるようになります。それは決して単なるヤマカンではなく、いわば「数学的な勘」といったようなものなのです。

いずれにせよ、頭というものは使い込んだり、考える習慣をつけたりしておけば相当なことができますし、逆に数学的に物事を考えないでいると、その方面の能力は決して発達しない、ということは理解しておかなくてはならないでしょう。

わが国石油・天然ガス開発産業における数学の役割

独立行政法人 石油天然ガス・金属鉱物資源機構

JOGMEC

石油天然ガス・金属鉱物資源の安定供給確保を担うため、2004年に石油公団と金属鉱業事業団を統合して設立。これら資源の開発・生産を促進するため探査事業や技術開発事業を実施し、探鉱資金の供給を行っている。石油・LPガス・レアメタルの備蓄事業を通じて、資源エネルギーの安定供給確保にも貢献。また、鉱害防止事業によって国民の健康保護と生活環境の保全にも取り組んでおり、金属鉱業等の健全な発展に寄与している。

河野 博文
Hirobumi Kawano

1946年東京都生まれ。1969年東京大学経済学部を卒業後、旧通商産業省（現経済産業省）に入省。資源エネルギー庁で石油部長や基礎産業局長を務めた後、1999年同庁長官に就任。2002年経済産業省を退官後、2003年ソニー社外取締役、2004年JFEスチール専務執行役員に就任する。2008年JOGMEC理事長に就任。趣味はスポーツ競技としてのヨットで、日本セーリング連盟の副会長としてスポーツセーリングの発展・普及に貢献している。

わが国石油・天然ガス開発産業における数学の役割

河野博文　石油天然ガス・金属鉱物資源機構（JOGMEC）理事長

はじめに

石油・天然ガス開発のどのような分野・場面で業務がどのように理論化され、数量化され、処理されているか。また今後、数学的な発展がどのように求められているかをお話しますが、その前に石油・天然ガス開発の特徴を簡単にご紹介しておきます。

1．油田・ガス田とはいったいどのようなものでしょうか？

156ページに示したような図をご覧になることがあると思います（図1）。よくこの緑色のところが油層であるという説明がなされます。この図からすると地下に空洞があってそこにプールのようにどっぷんどっぷんと原油が溜まっているというイメージがわきます。しかしながら実際はこの緑の部分は図2のような地層岩石なのです。多くの場合、油やガスが溜まるような岩石は図3のような砂岩や石灰岩の種類で、中に連続する非常に小さな孔が空いていて、全部集めれば岩石全体の体積の20～30％を占めています。そこに油、ガス、水が入っている、その岩石の広がりが油田・ガス田なのです。

2．石油の生まれ育ちは今あるところとは別のところ

石油や天然ガスは海や湖沼の底に溜まったプランクトンが土砂の堆積とともに地中深く沈んでいく過程で次第に高まる地温と圧力の影響を受け、その一部が石油・ガスの素（炭化水素）となってできていきます。プランクトンが土砂とともに堆積してできた岩石（泥岩が多い）を根源岩（ソースロック）といいます。ここでできた石油・ガスの素は図4のように周りの水との比重の差から数百万年、数千万年かけて岩石中（地層中）を移動し現在の位置に溜まって油田・ガス田となったのです。

3．油田・ガス田を探す方法

石油や天然ガスは一般に周りにある水より比重が小さいことから、上部に流体を流しにくい緻密な岩石の蓋となる地層（図4の濃い色の地層（シールの層））のある、上に凸になった形の岩石や、

断層で行き止まりになった地層、岩塩で盛り上げられ行き止まりになった地層に溜まっている可能性が高いのです。ですから石油を探すことは、まず地下深くにあるそのような地層（岩石）を探すことから始まります。地下数千メートル、海上ではさらにその上に水深数百メートルといった遠隔の場所に石油が溜まりそうな形の岩石（地層）があるのかどうかを主として地震の波を使って探ります（地震探査 図5）。ダイナマイトやエアガンによって発生させた振動が地下に伝わり地層の境界面から反射してくる波を受信して、その経過時間や位相、振幅などのデータにより地下の構造を解析します。原理的には人間ドックで使われる超音波エコー（図6）に似ています。しかし、人体の何センチか下の皮下脂肪の厚さを探ることと、数千メートル下の塩水や油が入っているかもしれない岩石を探ることの間には、大きな違いがあります。ほんのわずかな誤差でも解釈される地下構造の形が大幅に変わってしまうことが多々あります。

4．油ガスを直接探査する方法は

油ガス田となりうる地層が見つかっても、現在の技術では、数千メートル下の地層岩石中に原油や天然ガスが入っているか、あるいは水しかないかを直接確実に知る方法はありません。原油が溜まっている可能性のある地層岩石まで井戸を掘って、そこに到達して初めて原油・ガスがあるかないかを知ることになります。１本の試掘用の井戸を掘削するには10億円から１００億円以上、期間にして３か月から６か月以上かかることがあります。

5．油ガス田開発に伴う不確実性リスクと評価

数坑の井戸により、原油・ガスが発見されると、そこで得られる限られた情報から、地下の油層の大きさ、広がり、性質を推定し、埋蔵量を算定し、開発投資を決定します。石油の開発では初期に巨額な投資を行い、数十年にも及ぶ生産期間を通じて資金の回収をはかることになります。地震探査からは油層岩の大まかな形、広がりを得ます。また井戸から得られた岩石サンプル、井戸の中に下げ降ろした検層ツールから得られる井戸の孔の周り1メートル程度の岩石の電気的性質、音響的性質から空隙比率、油・水の比率、さらにテスト生産や圧力データからは油層の奥における平均的な流れやすさのデータなどを推定します。これらの情報を統合して油層のモデルを構築し、数値シミュレーションによっていろいろな開発条件における将来の原油・ガス生産プロファイルを予測し、油田開発の経済性算出の基礎データを得ます（図７）。限られた情報からいかに精度の高い生産予測を行うかに技術力・ノウハウが示されます。

石油・天然ガス探査・開発産業における数学の役割

1．取り扱う情報（データ）の特徴

石油・天然ガス資源の探査から開発・生産の幅広い分野で数値シミュレーションなどが行われています。一般に、地下数千メートル下に存在する地層とその空隙に胚胎する流体を取り扱うことに伴う大きな不確実性とデータのスケール・解像度と量の違いに特徴があります。例えば地震探査データは深度方向・水平方向の広がりを捉えられるものの数十メートルオーダーの粗い解像度をもち通常ソフトデータと呼ばれます。一方、井戸を通じたデータは油ガス層そのものの岩石試料は数センチメートルオーダーの情報であり、井戸内にツールをおろして計測する検層では井戸壁の周囲の電気的・音響的・密度データは深度方向に30センチメートル間隔で捉えられますが、井戸の間隔は1キロメートルから数キロメートルの広がりに1点のハードデータですこぶる離散的です。これらを適切に取り扱い、統計学なども応用して地層のモデル（地質モデル）を構築し、さらに数値油層シミュレーションにより、開発・生産した場合の数十年間にわたる挙動を予測します（図8）が、このような各種データの適切な取り扱い、結果に含まれる不確実性の評価などにも数学的見地からの種々の手法が応用されています。

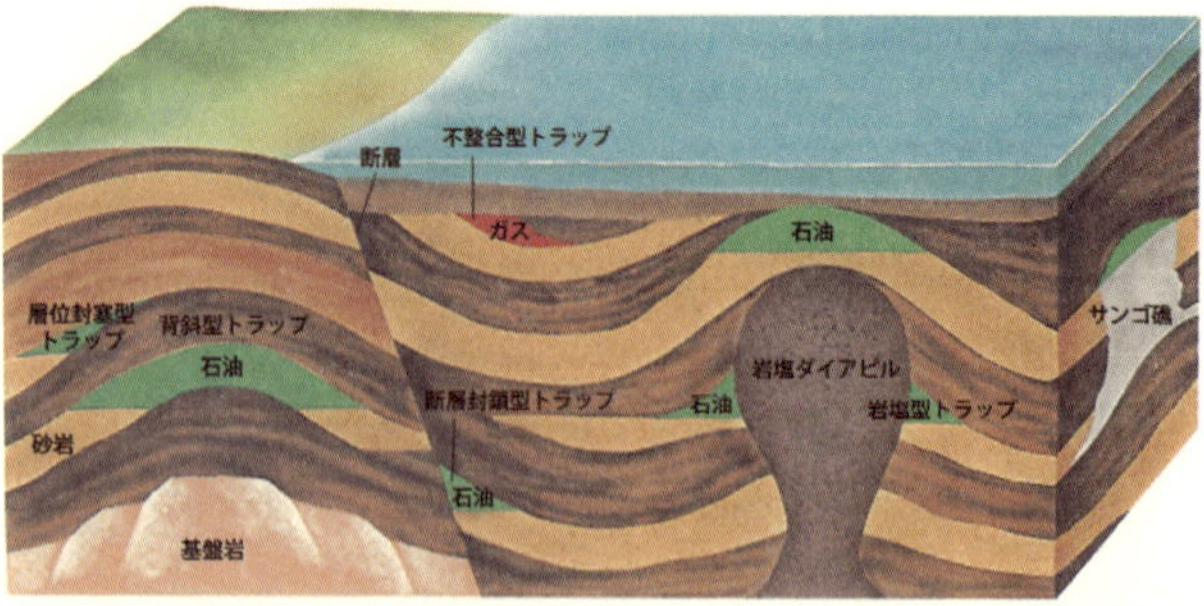

図１　地下数千メートルに存在する油ガス田　（出典　「石油開発技術のしおり」石油鉱業連盟）

図２　油ガス層は地層岩石　（出典　「石油開発技術のしおり」石油鉱業連盟）

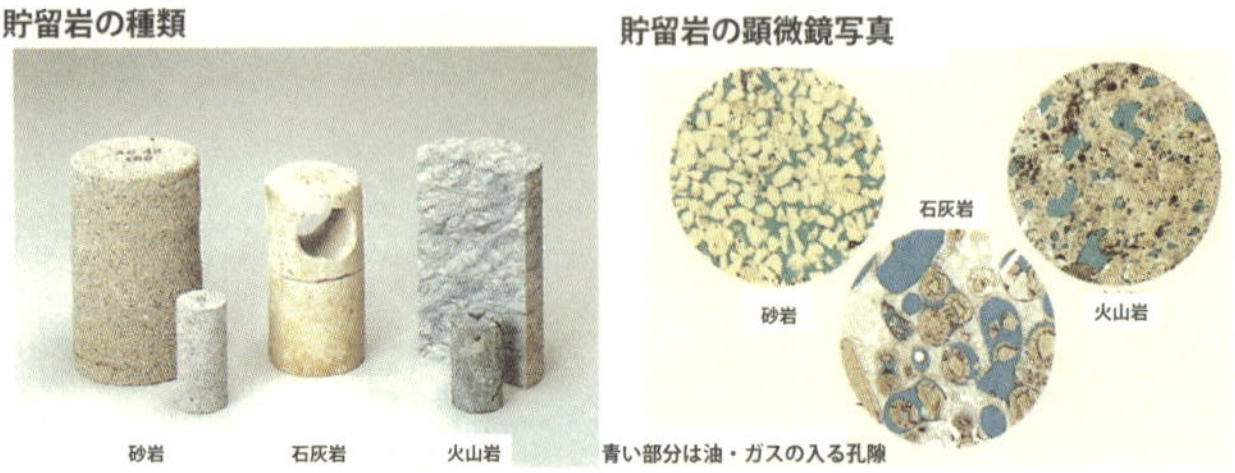

図３　油ガス田となる岩石の種類と空隙（出典　「石油開発技術のしおり」石油鉱業連盟）

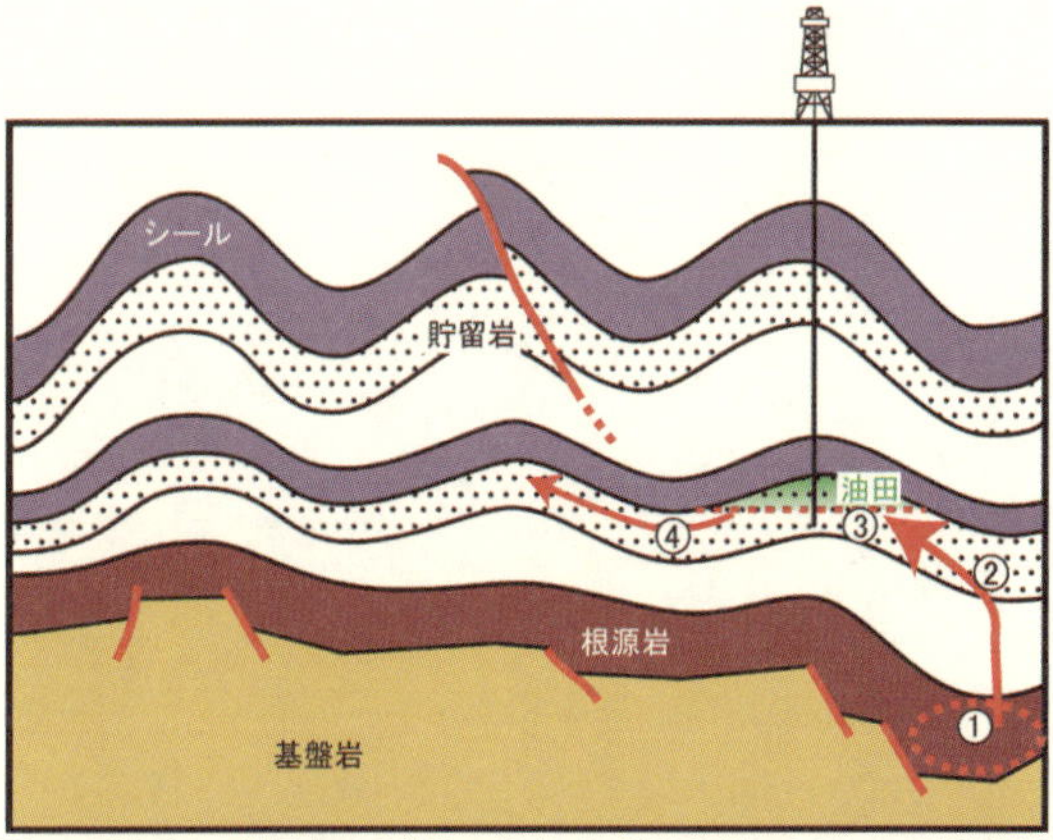

図 4　石油ガスの地層内での移動　（出典　「石油開発技術のしおり」石油鉱業連盟）

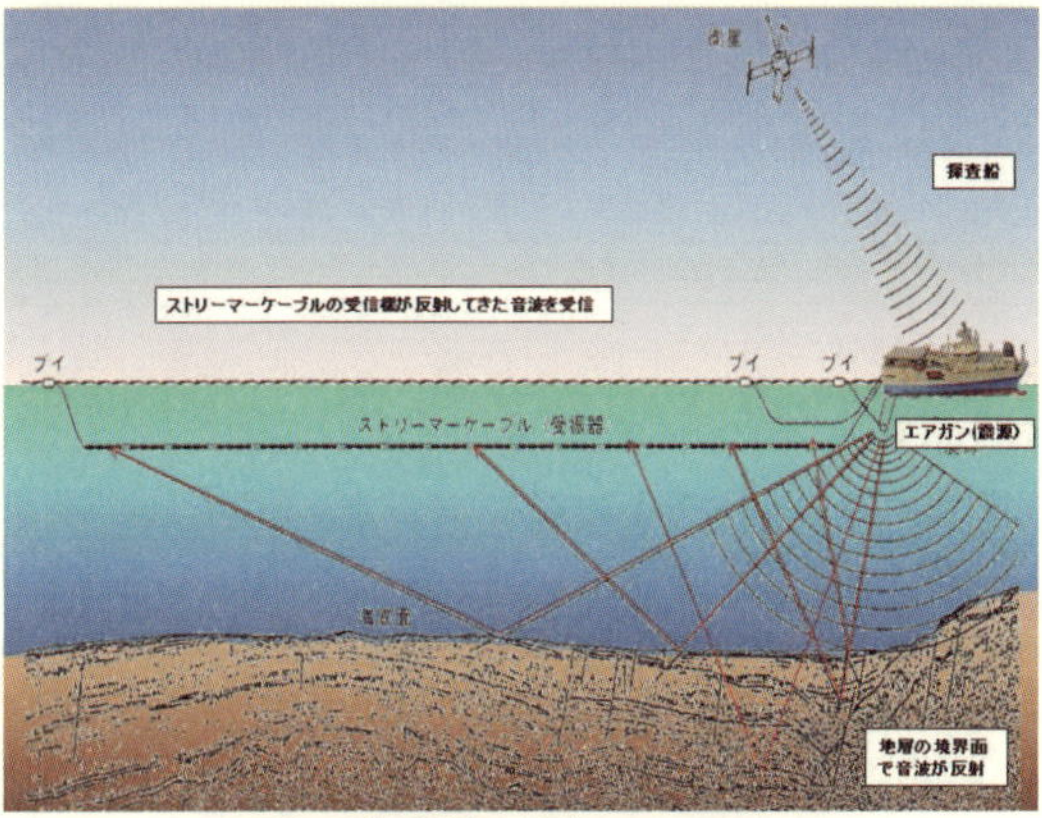

図 5　地震探査の原理　©JOGMEC

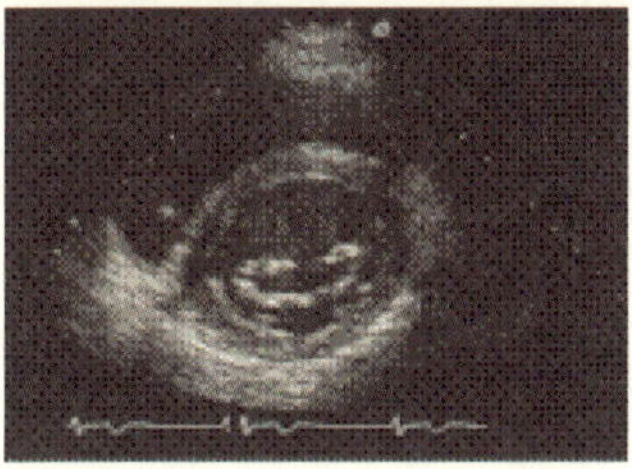

図 6　超音波エコー診断との類似　©JOGMEC

2．探査・開発ステージにおける業務分野と情報の取り扱い

・探査・地下構造評価段階……3次元地震探査データ処理・解析、油層キャラクタリゼーションにおける地質統計学を用いた不確実性への対応、電磁探査データ処理・解析、石油の生成・移動・貯留の過程のシミュレーションなど

・油ガス層の埋蔵量・生産挙動予測段階……数値油層シミュレーションによる流動挙動予測（多成分、熱攻法）、油層シミュレーション・ヒストリーマッチングへの遺伝子アルゴリズムなどの応用、格子ボルツマン法を用いたミクロ流動シミュレーション、メタンハイドレート融解・流動シミュレーション、流動シミュレーションと岩石圧密の連成、出砂挙動シミュレーション、ジオメカニクス評価シミュレーション、3次元データのビジュアライゼーションなど

・開発・生産段階……個別要素法などによる混相流解析、油・ガス・水処理プロセス設計、パイプライン内多相流非定常解析、海洋生産システムの係留・ライザーパイプ挙動解析、ダイナミックポジショニングシステムを搭載した浮遊式生産システムの動的挙動解析など

3．特徴的な事例

【3次元地震探査】

近年の石油・天然ガス探査の大きな進展の一つが地震探査の3次元化です。従来の2次元探査では、500メートル～数キロ間隔の格子に組まれた線データを元に、格子内データを様々な内挿手法、たとえばスプライン補間やクリッギングなどにより推定してきました。しかし、これでは地下構造の不確実性が大きく、正確な埋蔵量評価ができない上に周囲の地下構造の影響を受け、偽像が生じるなどの問題がありました。そこで（12・5～50メートルの）細かな格子点に地震計を設置し、あらゆる方向から到来する反射波を面的に収録する3次元地震探査がなされるようになりました（図9）。これにより、内挿による不確実性が除去されると共に、偽像を正しい場所に戻し、正確な地下構造をイメージングすることが可能になったのです。しかし、面的に反射波を捕らえるということは、収録する地震波データが大幅に増えるということです。例えば経済産業省が2007年に導入し、JOGMECが運行している3次元物理探査船「資源」が行った阿武隈沖（70キロメートル×30キロメートル）では、1調査で12テラバイトもの容量になってしまいます。これらの大量の地震波データのノイズ除去や、ダイナマイトやエアガンなど震源の影響を除去するためのデコンボリューション、得られた地震波データをもとに地下構造を描き出す手法であるマイグレーションと

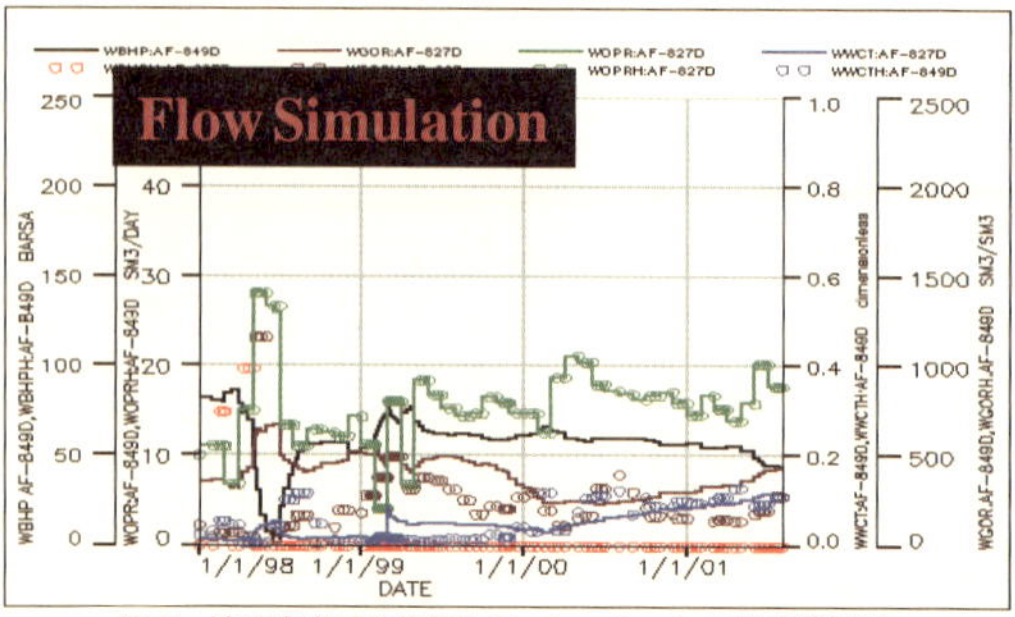

図７　油田生産量の数値シミュレーション予測計算結果

©JOGMEC

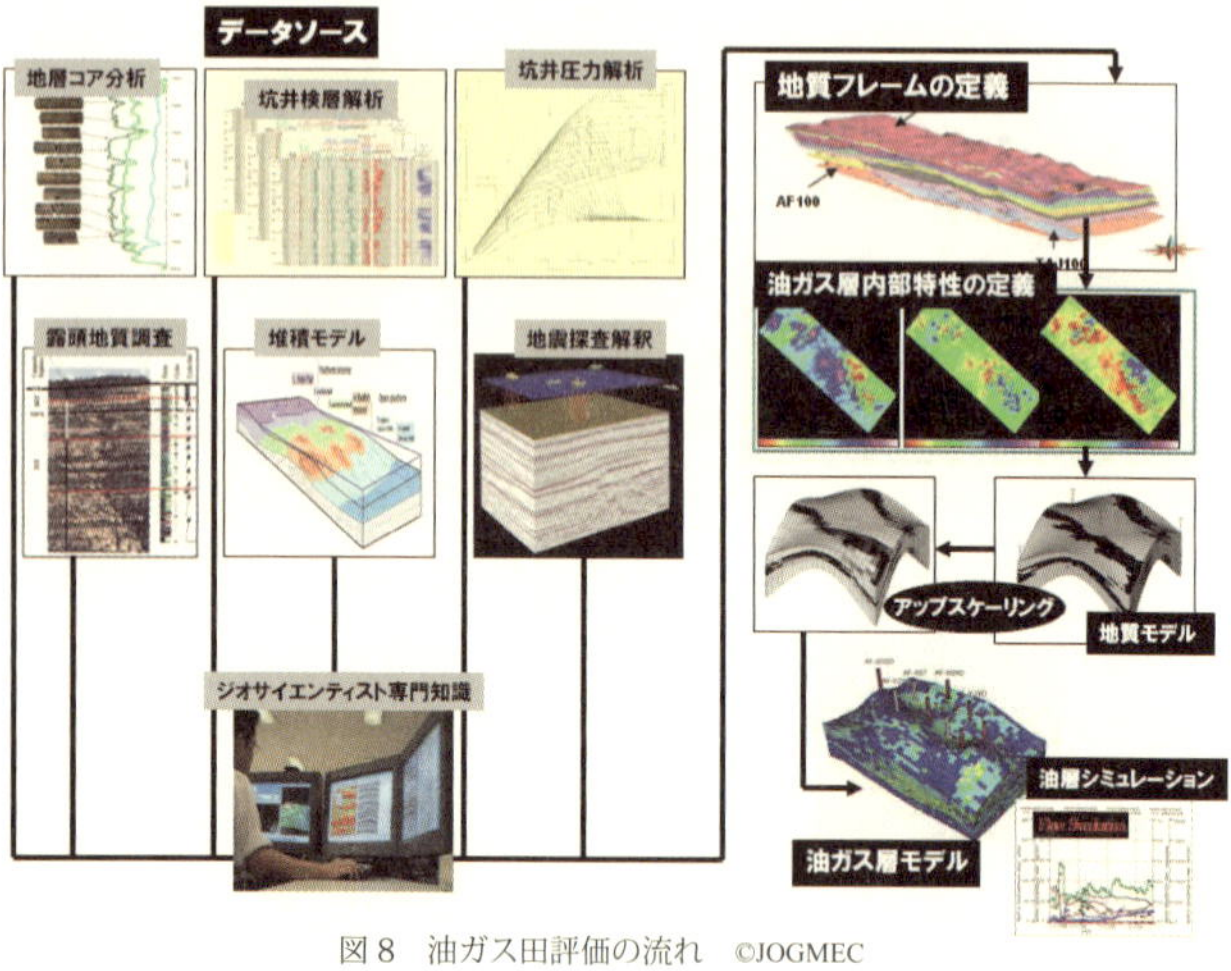

図８　油ガス田評価の流れ　©JOGMEC

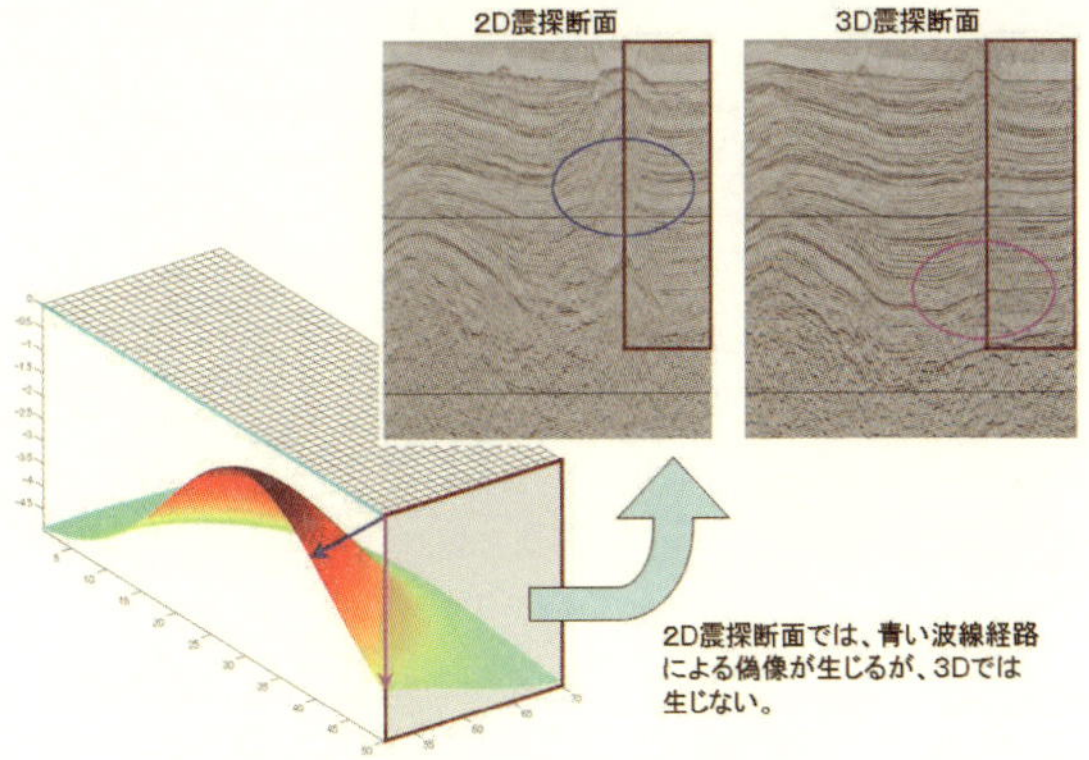

図９　地震探査の三次元化　©JOGMEC

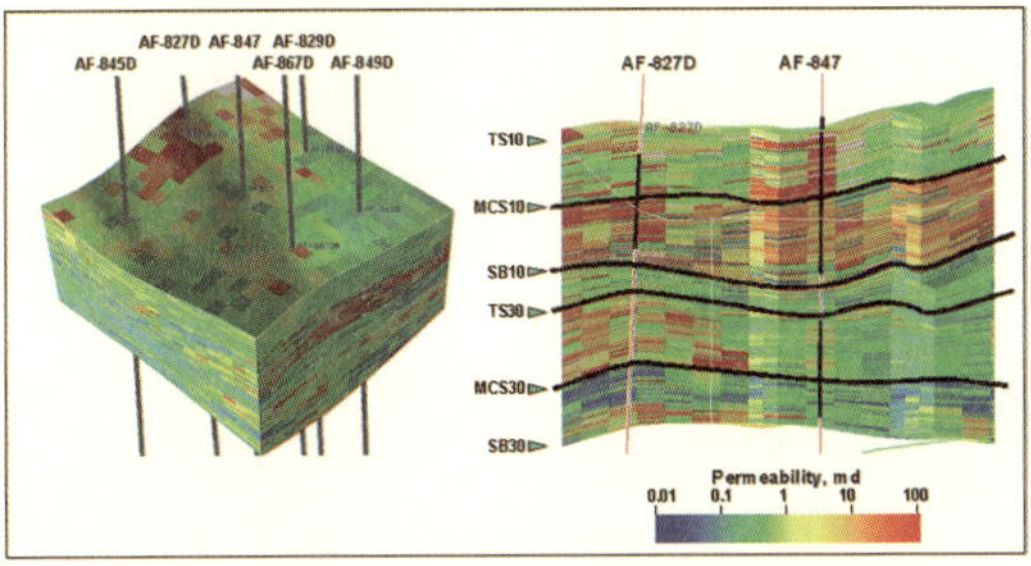

図 10　油層シミュレーションモデル　©JOGMEC

いった処理では、並列計算機と用いるアルゴリズムの最適化が必要不可欠となりました。

【油層シミュレーション】

油層シミュレーションとは、地質モデル構築プロセスにて数値化された油層モデルに対し、生産や圧入に伴う油層内の圧力、水・油・ガスの各流体飽和率等の変化の様子を数値計算によって解析し、開発計画の最適化に用いられます（図10）。油層シミュレーションでは、油層内での流動を支配する粘性力、毛細管圧力、重力、流体や岩石の膨張などの物理現象が連立非線形偏微分方程式で表され、その数値解を計算機により求めるものが主流です。油層空間を有限個のセルに分割し、各セル間の物質移動を油・ガス・水の各相につきダルシーの法則で解くことにより油層各部の挙動を予測します。より複雑なシミュレータとしては、流体を複数成分の混合物として扱い、気液間の成分移動の顕著な炭酸ガス攻法、ミシブル炭化水素圧入等に用いられる多成分型があり、セル間の油相・ガス相の流れを計算することに加えて、状態方程式による相平衡計算がなされます。またエネルギー収支式を必要とする熱攻法モデル、様々な化学現象を表現する化学攻法モデルなどのバリエーションがあります。計算速度、大容量のメモリーが要求され、セル数が数百万個かつ多成分型の計算になると並列計算機などによっても非常に計算時間がかかります。適切なアップスケーリングや実際の生産ヒストリーとの照合・パラメータ調整の自動化・高精度化などに多くの課題があります。

数値シミュレータ開発の最近の成功例として、非在来型天然ガス資源（メタンハイドレート）の産出挙動予測シミュレータの国際コンペで日本のモデルの優秀さが示されました。ここでは固体のハイドレートの融解ガス化、再ハイドレート化、未固結砂層の圧密と浸透性の変化など、これまでは扱われていなかった特有の現象が再現されるよう新たなルーチンが組み込まれています。

4．石油・天然ガス産業において今後期待される数学の発展と応用

当該探査手法で関連する近年の応用数学的課題として、

a 大型行列の解法……石油探鉱の問題は、非線形偏微分方程式を離散化して大型連立方程式を組み立て解を求めることに帰着されます。物理探査のような条件下では、観測データに僅かな微小の摂動（ノイズ）が含まれるだけで、解（地下構造）が大きく変化します。このような問題を克服するため Tikhonov（チホノフ）の正則化手法の採用や、行列計算の安定的解法の研究を進めています。大型行列計算の更なる効率化、安定化が望まれます。

b 逆問題……マイグレーション速度解析あるいはフルウェーブ・インバージョン、ヒストリーマッチングや坑井テスト解析などにおいて、逆問題計算の最適化は重要な課題となっています。

c 不確実性の定量化には統計学が用いられていますが、これも数学の領域でベイズの定理や他の手法による精度の向上が望まれます。

以上が、私どもＪＯＧＭＥＣにおいて、実際の石油・天然ガスの探査・開発にあたって駆使されている数学的手法の紹介です。

ところで、正直言って私にとっては難解極まりない、こうした、かつては不可能であった地下の状態の再現を地上において可能にする手法の進歩は、石油などの資源探査の確実性を大きく向上させています。こうした進歩は、確かに数学によってもたらされているとも申せましょう。しかし、同時に、地下数千メートルといった自然を相手にした産業の最前線においては、既存の技術や学問、ツールをそのまま使うことはできない未知の世界があり、それを切り抜くためには、ジオロジストや数学者、技術者の深い経験に基づく洞察力さらには芸術家のそれに近いような鋭敏な感性のようなもの、言葉を換えれば人間のクリエイティビティといったものが一層求められると思われます。

企業における数学

数学は何を記述するか

岩根研究所

Company Profile

1979年設立。北海道札幌市に本社を置く。「視覚情報による自律型自動運転」の研究開発を行い、その過程で生まれた技術を商品化して販売している。本稿で紹介した道路ビデオGISシステムは、国土交通省各地方整備局・各道路管理事務所・各高速道路会社に販売されており、国土交通省各地方整備局や全国の河川国道事務所で約70%のシェアを持つ。新技術による共同ビジネス企業も募集している。

岩根 和郎
Waro Iwane

1943年宮城県仙台市生まれ。1966年3月山形大学文理学部物理学科を卒業。同年4月より北海道大学応用電気研究所に助手として勤務する。「ヒトの視覚系の情報処理機構の研究」を行い、また「テレビジョン信号伝送の帯域圧縮技術の研究」などでも実績を残す。1978年5月に起業準備のため同研究所を退官し、協力者と共に研究開発を進める。翌年4月岩根研究所を設立し、代表取締役社長に就任。

企業における数学

数学は何を記述するか

岩根和郎　岩根研究所 代表取締役社長

実社会に於いて、しかも当社という限定された枠組みの中で見ても、数学は頻繁に使われています。その理由の一つに当社がＩＴ開発の企業であり、人工知能を目指す企業であるから……という特殊性があります。

当社に於いて「認識」という単語の意味するところのほとんどは画像認識であり、特に３次元空間の解析と認識においては、その全てを数学的手法に頼っています。

その具体的例を以下に示します。

見る画像から計算できる画像へ ― ＣＶ（Camera Vector）映像解析技術

１．ＣＶ値とは

ＣＶ（Camera Vector）値というのは、カメラの焦点の３次元位置$\boldsymbol{T}$と３次元姿勢$\boldsymbol{R}$を合わせた

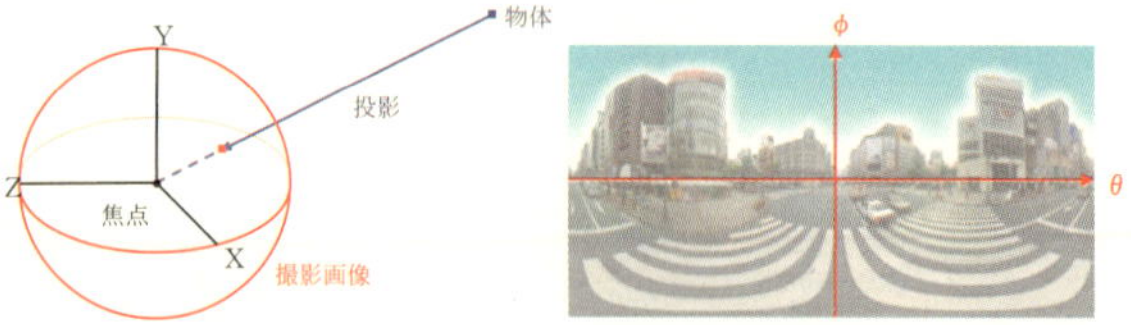

$$\text{座標変換：}\begin{bmatrix} X \\ Y \\ Z \end{bmatrix} = \begin{bmatrix} \cos\varphi\sin\theta \\ \sin\varphi \\ -\cos\varphi\sin\theta \end{bmatrix} \cdots ①$$

図1　全周カメラの原理

6自由度の量のことです。実際にカメラで撮影した映像情報だけを用いて、2次元的な画像解析によりCV値を統計的に算出する、つまりCV演算することが可能です。

CV値を持った映像（CV映像と呼びます）では、2次元の映像内に映っている全ての対象物について、3次元空間解析が可能となります。まるで現実のコピーのように、3次元位置を特定したり、距離や長さを計測したりすることができるようになります。

これらCV演算およびCV映像を用いた3次元空間解析技術を総称してCV技術といい、当社が提供する全てのソリューションの基礎となっています。

一般のカメラでもCV演算は可能ですが、処理をシンプルにするために、通常は全周カメラを用います。全周カメラの場合、撮影された映像は焦点を中心に全天球を覆います（全周映像＝図1左）。正距円筒図法を用い平面で展開すると図1

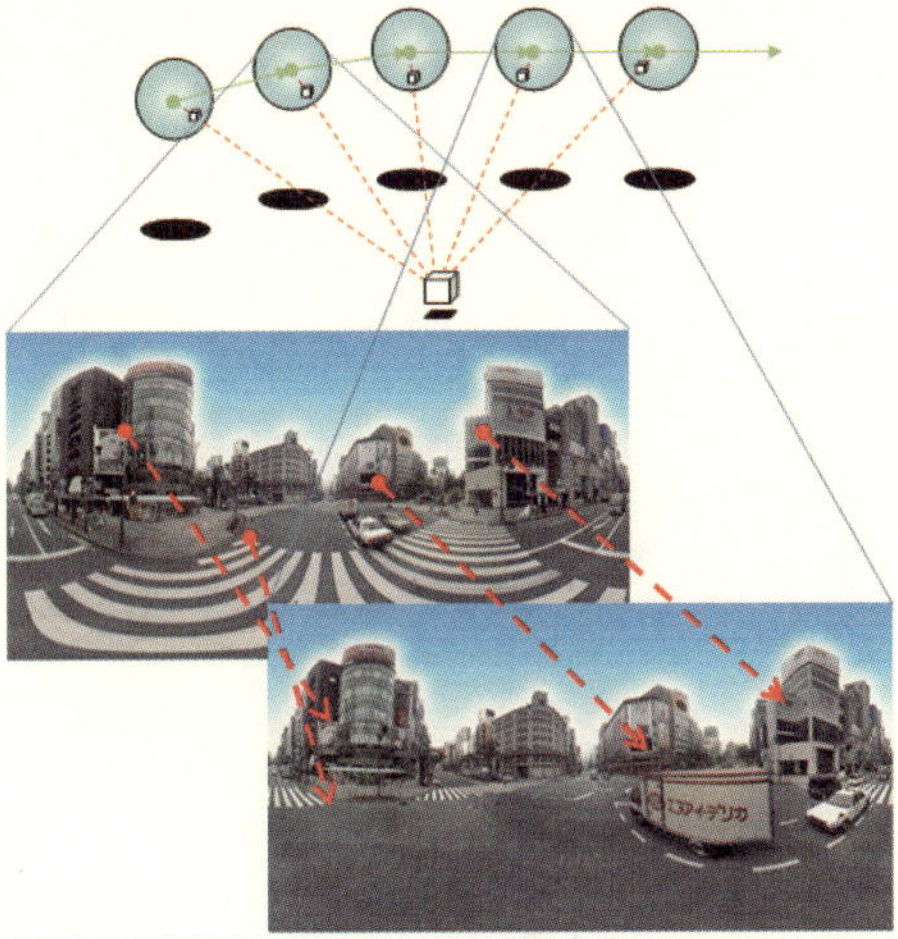

$$s(t) = \int_{-w}^{w} g(\tau)h(t+\tau)\,d\tau \quad \cdots \text{②}$$

$$s(x,y) = \sum_{u=-w}^{w} \sum_{v=-w}^{w} g(u,v)h(u+x, v+y) \quad \cdots \text{③}$$

図2　特徴点トラッキング

右の画像になります。

2．ＣＶ技術における全周映像の特徴点トラッキング

動画の各フレーム画像を2次元に解析し特徴点を抽出し、複数のフレーム間で同一の特徴点を画像比較により見つけます。これを特徴点トラッキングと呼びます。

同一特徴点の発見には、式②に示したような相互相関（畳み込み）関数の最大になるところを探すことで見つけることができます。コンピュータ上では、離散値である画像のピクセルにこれを適用しますので、式

③が最大になるピクセル(x, y)を見つけることになります。

$$^{T}R_n(P - T_n) \cong P_n \quad \cdots ④$$

3. CV値の計算

特徴点の実際の3次元位置を$\boldsymbol{P}$(3次元ベクトル)として表します。また、前述の通りn番目のフレームのCV値は、3次元位置$\boldsymbol{T}_n$が3次元ベクトル、3次元姿勢$\boldsymbol{R}_n$が3行3列の回転行列で表されます。これらは全て未知数です。

一方、n番目のフレームでのトラッキング結果を、極座標変換して3次元ベクトルで表現し、$\boldsymbol{P}_n$とおきます。既知の情報はこれだけです。

$\boldsymbol{P}$と$\boldsymbol{T}_n$、$\boldsymbol{R}_n$から計算される画像上の投影点が$\boldsymbol{P}_n$に重なるという条件から方程式を立てると式④のようになります。ここで≅は長さを除いて方向が等しいことを意味します。

この式④が特徴点の数(通常数百個)だけ成立します。数学の記法の恩恵でこのように簡潔に表現できましたが、コンピュータ上で扱うためには膨大な数の連立方程式となります。実際には未知数の数以上に方程式があり、さらにそれぞれが微少な誤差を持っているため、厳密にはこの方程式の解は存在しません。そこで、コンピュータによる連立方程式の解として、誤差を統計的に処理し、誤差が最小となる解（PとT_n、R_n）を求めています。

数学が企業と結びつくために

当社は、人工知能の実現を目指しています。人工知能の開発とは大脳の機序を探りながら、それを数学的に記述することであるということができます。

人工知能にははじめに「認識」のプロセスが必要であり、先ず我々を取り巻く3次元空間を認識するために、空間を数学で記述することから始め無ければ成りません。

そして「認識」のためには、人における「認識」を研究し、その機序を記述することであり、そこから「解」を求めることになります。

まだ、我々は人工知能の入り口にさしかかったばかりの段階ですが、今後は「知能」そのものを記述することになります。

そして、とても重要なこととして、実際の「知能」は数学を利用してはいないということです。

しかしながら、人工知能は数学を利用することで実現されることになります。

ここに、数学の特徴、および限界もみえて来るのかもしれないと思っています。

図3　3次元 VGIS

図4　WEBGIS

図5　RCG

さて、ここまで、数学的な処理とコンピュータの力を借りて「解」を求め、結果として、2次元の筈だった画像が、3次元となり、3次元空間を理解することに成功しました。

数学的手法によって、連続する画像が自動的に解析され、ここに示した解を求めることで、2次元の画像から3次元情報を取得できるようになりました。これを使った商品とは以下のようなモノになります。

1．3次元VGIS（図3）

これは、GIS地図とCV映像がリンクしたシステムであり、道路維持管理、交通安全対策等に利用されています。映像を3次元空間として利用することができるため、動画像内での3次元計測、動画の揺れ止め表示、CGの合成などを自由に行うことができます。

2．ＷＥＢＧＩＳ（図４）

ウェブブラウザ上で地図と連携した全周動画映像をストリーミング配信。映像内で選択した場所の3次元位置をリアルタイム計測し、距離計測、写真等のタグを設置可能です。提供されるＳＤＫにより他のウェブサービスとの連携も可能で、様々なウェブコンテンツが構築可能です。

3．ＲＣＧ（図５）

正確な3次元地形モデルを動画像から作成する技術です。具体的には、画像内特徴点の高精度長フレームトラッキング技術を特徴としています。動画像をテクスチャとし、最適な視点の画像を動的にテクチャとして貼り付けることができるため、リアリティのあるＣＧ表現が可能になります。

まとめ

我々は、日常においても、企業活動においても対象や課題に対して、常に文字を使い、文章を書き、意味を表現しますが、それと同じように対象や課題に対して、数字を使い、記号を使い、数式を使い、方程式を求め、思想や事象を普遍的に表現しようとします。

確かに、思想や事象を普遍的に記述するには数学を避けては通れませんが、それが文学を使うことと同じように、あまりに日常的であるために、それが特殊なものとは思わずに、当然そこに初めからあるものとして利用し、その重大さに関しても日頃はすっかり忘れてさえいます。

しかしながら、数学の対象となる思想や事象そのものは、決して数学で構成されているものではなく、文学で構成されているのでもないという事実に驚かされます。

思想や事象は、数学そのものではないけれども、数学で表現されるということであり、具体的例で言えば、自然は微分方程式を解くことなく、物体の運動を決めている、という事実をここで改めて確認しておくべきと思いました。

ところで、ここで立ち止まって考えてみれば、文字から成る文学と同じように、数学はそれを使わずには文明は存在しないとさえ言えるほど重要なことであることが分かります。

数学は企業活動に限定して考えることはかなり困難ですが、言ってみれば数学とは、その存在をことさら思い返すことなく当然のごとくに考えている空気や水が、我々生命を維持していて、一瞬たりとも欠かせない存在であると同じように、数学はその重要さが日頃忘れられていて、それがなければ一瞬たりとも文明を維持することが出来ないほど重要な存在であることに今更ながら気づかされます。

ところで、思想や事象を文字の力を駆使して、文学で整理して記述することにより、それまで解決できない疑問も明確になって、解消されることを体験しますが、これはまさに数学にも言えることです。

我々はそれを「方程式を解く」と日常的に表現していますが、ここにこそ数学の持つ論理性の極みがあるのだと言えるのでしょう。

重要なことは数学とは、実社会に於いて思想や事象の普遍的な記述にとどまらず、普遍的に整理して記述した内容から、それを構成する未知の要素を導き出す、即ち「解」を求めることを可能にするものであるということです。既知の要素と未知の要素を含めて対象の思想と事象を普遍的に記述することができれば、未知の要素を既知の要素に変換してしまうことができるというのは、今更ながら大きな驚きであり、これこそ数学における最大の妙技であり、そこには感動さえ伴います。

このように、数学に係わって企業活動を続けることは、常に感動の連続であり、改めて数学をここまで発展させた先人の知恵と人間の英知に心から拍手喝采を送りたい気分です。

最後に、本原稿を書くに当たり、当社の研究開発現場の荒屋敷明文、若桑朝之両君には大変多くの協力を得たことに感謝し、ここに記するものであります。

私と数学

与謝野 馨
Kaoru Yosano

1938年東京生まれ。東京大学法学部卒業後、日本原子力発電に勤務。のちに内閣総理大臣となる中曽根康弘氏の秘書を経て、1976年に衆議院議員初当選。村山内閣で文部大臣、小渕内閣で通産大臣、小泉内閣で自民党政調会長などを歴任。安倍内閣では官房長官、麻生内閣では財務・金融・経済財政の経済3閣僚を兼務するなど、政界随一の政策通として知られる。

歌人の与謝野鉄幹・晶子は祖父母にあたる。

私と数学

与謝野馨

エジプトで数学の面白さを知る

私は港区立麻布小学校を出て、当時あまり有名でなかった麻布中学に進学しました。中学1年生のときも2年生のときも成績がひどくて、担任の先生から呼ばれて「与謝野君は家に帰って勉強しているのかい」って言うんで、「学校で勉強してるから家では勉強しない」と言い、「せめて15分だけは勉強しなさい」と言われました。

麻布中学校の2年生だったとき、外交官の父がエジプトに赴任することになりました。カイロ郊外にある、イギリス式の寄宿学校に放り込まれた私は、中学3年生から英語で授業を受けることになったのです。英語が分からないうえ学校の規則が厳しいので苦労しましたが、そのとき私は「数学は英語でやると簡単だ」ということを発見しました。数学も英語も明晰性を非常に重んじる言語ですから、「今与えられている条件が何で、解決すべき問題は何か」ということを、日本語でやる場合に比べて常にクリアに理解することができたのです。あっという間に、数学だけは学年で1番になりました。

日本にいたときは家でまったく勉強をしなかった私でしたが、エジプトでは学校で教わる内容にあきたらず、自分で数学書を買ってきて読んでさえいたものです。たとえば、その頃読んだ本に"Do It Yourself Calculus"がありますが、これは微積分の教科書の中でも分かりやすかったです。またこの頃、物理学にも興味を持ち出し、理論物理学者ジョージ・ガモフがミクロからマクロの世界を描いた科学啓蒙書"One Two Three … Infinity"を高校2年生か3年生で英語で読みました。なんとなく分かったような気になっていたものです。

社会人になってからの勉強

4年後にエジプトから帰国して、麻布高校第3学年に1年遅れで復学しました。大学は東京大学法学部を卒業、就職したのは日本原子力発電でした。配属先は意外にも事務系ではなく、技術部研究課。この当時の上司であった今井隆吉さんは、東大の数学科の卒業生です。私の知る限りこの世でもっとも頭の良い人だと思いました。ある日、「技術者の話している言葉がまったくわからない」と今井さんにこぼしたら、「あんなもの大したことを話してるわけじゃないから、ちょっと勉強したらわかるようになる」と言われて、よしそれならばと原子力のことを学び始めました。

こういうわけで、核分裂の仕組みや燃料の技術など、原子炉の中で何が起きるかということを一通りは全部勉強したのですが、数学的なバックグラウンドが不足していたために理解できないこともありました。たとえば、中性子が原子炉の中で拡散していく過程は拡散方程式というものによって示されますが、拡散方程式は頑張っても理解することはついに叶わなかった。それでも数学に対する興味はずっと続いていて、特に数学史の本は随分読んでいたものです。

日本原子力発電を退社して国会議員になってからは素粒子論に興味を持ち、いつか腰を据えて学んでみたいものだと考えていました。それで文部大臣になる少し前に、『量子力学の冒険』(ヒッポファミリークラブ刊)という本で勉強を開始しました。これはなかなかいい本というか、中身は実際にはものすごく難しい。わかった! わかった! って漫画を使って書いてあるんですけど、それはやっぱり全然わからなかったです。それで朝永振一郎さんの教科書『量子力学』とか、何冊も読んだり。

そんなことやってて、量子力学をわかりたいという気持ちはすごく強くあって、とはいえ私は数学がよくわかっていないから、その理解は大幅に限定されているのだろうけれども、量子力学は相当勉強しました。宇宙論の話にも興味があって、インフレーション理論で有名な佐藤勝彦さんの本を読んだりもしていました。

社会を支えるための「エリート教育」

世の中には2種類の問題があります。普通の人が100万人いればちゃんと解決するような問題と、少数でもいいから優秀な人がいないと解決できない問題です。「三人寄れば文殊の知恵」という諺がありますが、平均的な能力を持った人が3人集まっても100万人集まっても、フェルマー予想を証明した数学者アンドリュー・ワイルズ[1]のような知恵は出せないのです。「三人寄れば文殊の知恵」というときの3人の頭脳は優秀でなければなりません。優秀な頭脳が集まって初めて、優れた発見が生まれるのだと思います。

もちろん、優れた少数の人たちだけで、何から何までできるということを言っているのではあ

1 ［アンドリュー・ワイルズ］英国出身の数学者で現在プリンストン大学教授の Andrew Wiles（1953- ）。17世紀に発見され、300年以上未解決だった難問「フェルマー予想」が正しいことを1994年に証明。

りません。例えば、17世紀に天体の運行法則を発見したのはヨハネス・ケプラー[2]という1人の天才だったかもしれませんが、彼の活躍するずっと以前から、多くの人々が毎晩職人的に天体の動きを観測し、膨大なデータを遺していました。ティコ・ブラーエ[3]はその最たる例だと思います。ものすごく謹厳実直な人で、星の動きを毎晩毎晩ちゃんと記録していたそうです。彼の膨大な記録があったればこそ、コペルニクスの地動説が生まれ、ケプラーの法則が生まれたのです。つまり、こうした謹厳実直な普通の人々がいなければ、ケプラーもワイルズもいなかった、と言うこともできると思います。

逆に、平凡な人々が積み上げてきたそういった努力を無駄にしないためにも、飛びぬけて優秀な人間が一定数必要ということもあります。だから今日においても「エリート教育」というものをもし行うならば、それは、社会のためであって、そのような教育を受けることのできる少数の優秀な人たちのために行われるわけでは決してありません。平凡な我々の努力の実を結ばせるために、エリートを作ることが結局社会みんなのためになるからなのです。いわば、平凡な我々

2 ［ヨハネス・ケプラー］ドイツの天文学者 Johannes Kepler (1571-1630)
3 ［ティコ・ブラーエ］デンマーク出身の天文学者 Tycho Brahe (1546-1601)

のために奉仕してくれるようなエリートを育成しようということです。

教育は平等であるべきだという理念は、まったくその通りだと思います。けれど、子供たちはみんな、何がしかの得手不得手があると考えるのが普通です。走るのが速い子供もいれば、人より勉強ができる子供もあるでしょう。日本の科学や経済を進歩させるためには、こういった優秀な子供の能力を、さらに高くするしかないというのが私の考えです。

これからも数学の勉強をつづけたい

なぜ私が、数学とか物理をやっているか。年令とともに頭が悪くならないようにしようとやっています。多少脳に刺激を与えてやりたい。それからあとは、好奇心があるからですね。この世の中どう出来ているんだろうと。たとえば、我々があたりまえとしている2次方程式というのはどうやって出来たのか、知りたいと思ったら数学史の本をひもとく。すると、まずアラビアで解けて、そして3次方程式、4次方程式はイタリアで解法が発見された、ということが書いてある。5次方程式は群論を使うと、四則演算と根号だけでは解けないっていうことが証明されたり。こういうことを知ること自体が楽しいです。数学というのは、数学自体のためだけに存在する科学で、世の中の役には立たない、みたいなことを言う人がいるんですけど、実はそんなことは全くない、と私は思っています。

知りつくせない神秘

私の祖父である与謝野鉄幹の墓標に、「知りがたき事もおほかた知りつくし今なにを見る大空を見る」という歌が刻まれています。この歌を詠んだ鉄幹の考えは分かりませんが、例え誇張にもせよ「知りつくす」などということが果たして可能なのであろうかと、私には思えてなりません。私がこのように考えるのは、数学や科学の考えに長い間触れてきたためかも知れません。

たとえば電磁波について考えてみると、人間が目で見て知ることができるのは、可視光線と呼ばれる波長のものだけです。赤外線や紫外線やX線のふるまいを知るためには、科学の知識と特殊な機器が必要です。電子の世界や人間の体の内部のことなども、電子顕微鏡や走査顕微鏡などを使いこなせなければ、知ることはできません。

また、アインシュタインの相対性理論によって、質量がエネルギーと等価であったりするなど、人間の直観とまったく異なる世界があるのだということが知られてきました。量子力学の世界でも、まったく相矛盾することが同時に存在しうるということが言われています。科学的発見によって、世界に対する人間の認識が変化し、考え方の幅が広がるといったことが起こっているのです。

しかし、これほどまでに科学が進歩しているにも関わらず、人間が「知る」ことができるのは、物理現象のまだほんの一部分でしかありません。ましてや、私たちが科学の知識を用いることなく五感を使って「知る」ことのできるのは、直感的で素朴な、非常に限られた世界でしかないのです。

量子力学を理解しようと頑張って勉強したことは、政治家としての私に何をもたらしたかというと、複数の相矛盾するものが存在していても、それは別にどうっていうことがないんだ、と受け止められるようになったこと。

数学や科学の考え方に長い間触れてきたおかげで私は、祖父鉄幹が詠んだ「知りつくす」ことはできないけれど、「なるべく知ろう」と努めています。

編集後記

日本は凋落してしまうのだろうか?

悲観してはいけない。良い所、強い部分を見つめよう。

グローバル化の進む世界の中で競争に勝ち抜き、しかも息の長い活躍をしている企業がある。

これらの企業に共通するキーワードに「数学」があった。

具体的な数字や数値解析はもちろんのこと、高尚な純粋数学の理論、数学的論理性、抽象化して本質を見抜く能力、――あるときは見えない形で、あるときははっきりとした形で「数学」はトップ企業の中で生きている。


「数学」を合言葉にして企業のリーダーの方々に執筆していただこうという初の試みは、わくわくするような発見に満ちていました。最前線で戦ってきたリーダーならではの生き方・考え方を、自らの言葉を選んで綴ってくださった文章は何度読み返しても心に響くものがあります。この企画の趣旨に賛同し、超多忙な重責の中で、ご執筆くださいました企業・組織のリーダーの皆様に厚く御礼申し上げたいと思います。

本書の企画にあたっては、東京大学大学院数理科学研究科の儀我美一教授と小林俊行教授にご助言をお願いし、幸いにも編者をお引き受けいただくことができました。儀我美一教授には、ＢＮＰパリバ、武田薬品、ＮＴＴ、堀場製作所、日本情報産業、ＪＯＧＭＥＣ、岩根研究所の各企画で、小林俊行教授には、トヨタ自動車、日本生命、野村ホールディングス、旭化成、ドリームインキュベータ、鉄道総研、与謝野馨氏の各企画でご協力を賜りました。

２００８年に日仏修好１５０周年とフランス高等科学研究所（ＩＨＥＳ）の創立50周年を記念して開催された「日仏科学フォーラム」を後援されたＢＮＰパリバ証券顧問の与謝野達氏には、企画当初から大変お世話になりました。また東京大学大学院数理科学研究科の楠岡成雄教授からも貴重なご助言を賜りました。これらの皆様に心より感謝申し上げます。

２０１０年11月

シュプリンガー・ジャパン　編集部

編　者

儀我　美一　Yoshikazu Giga
東京大学大学院数理科学研究科教授
2010年紫綬褒章受章

小林　俊行　Toshiyuki Kobayashi
東京大学大学院数理科学研究科教授
IPMU上級科学研究員
2007年サックラー・レクチャラー(イスラエル)
2008年フンボルト賞(ドイツ)受賞

シュプリンガー数学クラブ　第22巻
数学は役に立っているか？『数学が経済を動かす』日本企業篇

平成24年1月20日　発　行

編　者　儀　我　美　一
　　　　小　林　俊　行

編　集　シュプリンガー・ジャパン株式会社

発行者　吉　田　明　彦

発行所　丸善出版株式会社
〒101-0051　東京都千代田区神田神保町二丁目17番
編集：電話(03)3512-3263／FAX(03)3512-3272
営業：電話(03)3512-3256／FAX(03)3512-3270
http://pub.maruzen.co.jp/

印刷・シナノ印刷株式会社／製本・株式会社 松岳社

ISBN 978-4-621-06130-5 C 3041　Printed in Japan

本書は，2010年12月にシュプリンガー・ジャパン株式会社より出版された同名書籍を再出版したものです．